T0337306

LIBRO 2

Habilidades de
COMUNICACIÓN
HABLADA

ASERTIVIDAD • PERSUASIÓN • ALTO IMPACTO

SONIA GONZÁLEZ A.

GRUPO NELSON
Una división de Thomas Nelson Publishers
Desde 1798

NASHVILLE   DALLAS   MÉXICO DF.   RÍO DE JANEIRO

Dedicatoria

A Jesucristo, el comunicador más inspirador y asertivo de todos los siglos.
Porque todo pasará, pero sus palabras jamás pasarán.

A mi precioso hijo Daniel, porque hay en él un espíritu muy superior.
Caballero de fina estampa.

A mi hermosa hija Ángela María, por ser tan dulce y madura a la vez.
Niña de mis ojos.
Gracias.

Índice

Parte 2 – La forma – El mensajero: «Cómo lo digo»

Introducción

Comunicación asertiva, mucho más que conocimiento

La tremenda necesidad de una comunicación más asertiva, persuasiva y efectiva, la confirmé aquella mañana de enero del 2004, cuando dictaba un taller acerca de «Presentaciones de alto impacto».

Me dirigía a un grupo de alta gerencia, en uno de los salones de la Asociación de Egresados de la Universidad de Los Andes, Uniandinos, en Bogotá.

Me impresionó mucho estar frente a un distinguido ejecutivo de un metro noventa, exitoso economista, treinta y cinco años, muy bien presentado, con mechón canoso, traje de Hugo Boss, alto cargo gerencial en una multinacional automotriz, prestigioso apellido y recién llegado de Harvard.

Toda su preparación, conocimiento y altura, parecían no servirle para nada en ese momento.

Aquel hombre tan querido, tan apuesto y distinguido, tan inteligente y capaz, tan preparado y estudioso, tan imponente en su porte, tan capaz en su cargo, estaba enfrentado al pánico escénico que le producía dirigirse a un público exigente.

Parado frente a mí, la consultora experimentada que lo iba a calificar y diagnosticar en sus debilidades y fortalezas como comunicador; al grupo de gente exigente que lo acompañaba y a la cámara que filmaba el ejercicio, quedó bloqueado, paralizado, pálido y tartamudo.

Fue impresionante. Llevaba una excelente presentación electrónica para proyectarla por video. Se la sabía de memoria, porque era el tema que dominaba.

Pero estaba bloqueado por completo en su expresión oral. Tenía un terror absurdo. Todo se le olvidó. Se veía como un niño inseguro y tembloroso. Su mirada angustiada y errática parecía decir a gritos: «¡Sáquenme de aquí!»

Entonces entendí con claridad absoluta que el conocimiento no basta. Ni la excelente preparación. Ni el magnífico nivel académico. Ni el don de gentes. Ni la memorización de un discurso.

Y comprobé mi teoría: El desarrollo de habilidades y competencias en la comunicación hablada, determina como mínimo el cincuenta por ciento del impacto de un líder influyente. El otro cincuenta por ciento lo comprueba con su comunicación escrita.

Es decir, la comunicación es definitiva para el posicionamiento de una persona, cualquiera que sea su oficio, en la vida. Incluso para una madre con sus hijos adolescentes. O para una pareja en su relación sentimental. O para los líderes del gobierno que comunican sus decisiones a un país.

Creo de verdad en el valor del conocimiento, de la preparación y la especialización. Porque sin ello, no sería posible escalar los escalones tan empinados de la competitividad actual.

Pero cada vez estoy más segura de esto: el noventa por ciento del éxito, en cualquier campo, no depende solo de todo lo que la persona sabe sobre el tema, sino de la asertividad, la persuasión y la seguridad con que lo comunica.

Estoy convencida de que, más allá del conocimiento y la seguridad, las personas transmiten sus ideas y pensamientos desde lo íntimo de su *ser*. Desde su esencia.

Mientras una persona puede transmitir alegría, otra infunde autoridad, confiabilidad, tranquilidad, gracia o intimidación... Cada quien transmite algo, desde su *ser* interior. Más allá de sus pensamientos. Desde su alma.

Estoy de acuerdo con el sabio proverbio que reza: «Porque de la abundancia del corazón, habla la boca».

Durante los últimos años he entrenado a miles de profesionales de la alta gerencia, en el desarrollo de sus habilidades y competencias en cuanto a una comunicación hablada de alto impacto. Han sido muchas horas de entrenamiento y diagnóstico a gerentes y jefes de diferentes sectores empresariales.

Hoy estoy segura de que la comunicación hablada es una competencia decisiva, en el éxito de una persona. La comunicación es la habilidad que atraviesa todas las demás competencias necesarias para el desarrollo de un profesional.

Haga la prueba. Tome al azar cualquiera de las competencias definidas como organizacionales: liderazgo, trabajo en equipo, habilidades de negociación, servicio al cliente, resolución de conflictos, innovación, emprendimiento, inteligencia emocional ejecutiva...

Fíjese bien. Todas ellas están relacionadas con la transmisión de mensajes verbales y no verbales. A todas las define una misma competencia por excelencia: la comunicación efectiva.

Piense en los asuntos familiares, comunitarios, institucionales, nacionales... en el mundo entero. Todo tiene que ver con los procesos de comunicación hablada. Y cada vez más, en la medida que avanza la tecnología y la globalización, las exigencias comunicacionales son mayores.

Lo más triste es que cuando se presentan problemas y conflictos en cualquier relación humana, en la mayoría de los casos, es por deficiencias comunicacionales.

Por todo eso y mil razones más es que la comunicación es una prioridad que deben enfocar los colegios, universidades, entidades y gobiernos.

En general, es para todos los interesados en el desarrollo efectivo de su gente. Porque más allá del conocimiento, este es un asunto de empoderamiento personal.

Durante los últimos quince años he batallado como un Quijote contra molinos de viento, ante el desconocimiento de esta realidad. Mi meta no es enseñar a escribir o hablar bonito, con las mejores técnicas de ortografía y redacción. Aunque ese es el resultado al final del proceso, el propósito es aún mayor: se trata de establecer una cultura comunicacional inteligente.

Esto implica romper viejos paradigmas, desaprender, enfrentar vicios y eliminar bloqueadores para llegar al resultado esperado: transformar a las personas y las organizaciones.

Todo, a través de una metodología práctica y sencilla, dirigida al cambio «antes y después» de la comunicación personal. Un cambio extremo muy notable, basado en una consigna: menos es más. Es decir, minimalismo puro.

Es transformar la comunicación personal, grupal y organizacional, para llevarla del estilo «rococó» al «loft» de la expresión. Es pasar de los discursos rígidos, anticuados, jurásicos, fosílicos y arcaicos, a las charlas sencillas, pero profundas.

Por medio de la difícil pero gratificante tarea de concientizar a las personas e instituciones acerca de la importancia de elevar el nivel de la comunicación hablada, hemos transformado empresas con más de mil quinientas personas, durante procesos de tres a cinco años. Y seguiremos en la tarea.

En los últimos cinco años, como nunca antes, he visto que la conciencia sobre esta necesidad de una comunicación efectiva es cada vez más grande.

No ha sido fácil. Es una experiencia agotadora. Desgastante. Algo así como nadar contra corrientes culturales rígidas y complicadas. Pero el resultado es fascinante. Gracias a Dios.

Acepté el reto, por la indignación que me produce ver a un líder de alto potencial, con un excelente nivel de conocimientos y preparación, bloqueado en su comunicación, por simple falta de entrenamiento.

Los objetivos y beneficios del entrenamiento día a día en la comunicación de individuos, universidades, empresas y entidades son:

Objetivos:

- Entrenar líderes
- Facilitar procesos
- Desarrollar talento
- Potenciar conocimiento
- Generar efectividad
- Despertar pasión
- Proporcionar claves

Beneficios:

- Alcanzar niveles más altos de impacto
- Transmitir mensajes estructurados y bien elaborados
- Conseguir la persuasión del público, en pro del objetivo
- Obtener mayor alcance en la intencionalidad
- Producir el efecto deseado en el auditorio
- Trascender en el escenario, por medio de una comunicación inteligente
- Producir excelentes resultados personales y organizacionales

Como no se ha entendido bien que el asunto es de empoderamiento personal y no de conocimiento, las personas enfrentan aún el paradigma número uno: Creer que lo más importante es «saberse bien el tema».

Cientos de veces escucho decir lo mismo: «Si conozco bien la presentación, todo lo demás está controlado, pero si no domino el tema, me siento inseguro(a)».

Me alegra mucho ver cómo, al final de la jornada de aprendizaje, logran entender lo equivocados que estaban. Pueden romper el esquema mental que los obliga a depender del conocimiento.

Siempre digo: «La presentación es usted». No es el contenido lo que prevalece. O el aprendérselo de memoria. Lo más importante es lo que transmite con su esencia personal, su personalidad, su seguridad y su actitud, eso es lo que más cuenta.

Veo a diario personas que saben poco, pero proyectan mucho. Se muestran seguros y convencen, aunque digan poco. También me encuentro gente que conoce mucho de un tema, pero no proyecta nada, porque no lo sabe transmitir.

La conexión con la mirada, la postura, la expresión no verbal, los niveles de empatía. Eso es lo que usted necesita. Cuando lo consiga, entonces sí, concéntrese en el tema y «cómase» el auditorio... y al mundo entero si quiere.

Ya sabe: el secreto está en el enfoque. Aprenda a concentrarse en el *ser* y no en el saber.

Me causa curiosidad que, al expresar sus expectativas en los procesos de aprendizaje empresarial conmigo, los participantes siempre me dicen, como una frase constante: «Yo me siento seguro(a), si conozco bien el tema».

Piensan, de manera muy equivocada, que es suficiente con dominar el contenido de su presentación o discurso. Dicen que, si «manejan» el contenido, ya tienen todo lo demás asegurado. Eso es una falacia. Un autoengaño fatal.

Ese montaje del conocimiento como bastión para la seguridad escénica, es el primer paradigma que debemos desmontar a través de este libro.

Si lo desaprendemos, será nuestro primer escalón hacia la cumbre más alta del éxito en el proceso de entrenamiento. Porque desaprender es el pico más alto en la pirámide del aprendizaje. Sobre todo si se trata de aprender a ser un comunicador asertivo.

Y en este tema de las habilidades de expresión, sí que necesitamos desaprender todos los absurdos que nos creímos como verdad.

Si retrocedemos un poco la película del tiempo, entenderemos que el síndrome del pánico escénico y el apego desmedido a las presentaciones de memoria, no comenzaron con la profesión. Comenzaron cuando éramos niños. Cuando nos obligaban a aprendernos de memoria la recitación para el día de la clausura del kínder o la primaria.

Yo recuerdo cuánto le costó a mi hijo (hoy de veinticuatro años) cuando era un bebé, que todavía hablaba a media lengua, aprender a recitar «Don Pepito Verdulero», en el jardín infantil.

Imagínese tener que decir de memoria, ante un público de trescientas personas, en un teatro enorme: «Don Pepito Verdulero, se metió en un sombrero, el sombrero se rompió y ¡don Pepito se cayó!»

Sonaba más o menos así: «Non pepito velulelo che metió en un chombelo, el chombelo se yompió y ¡non pepito se tayó!»

¡Por Dios que fue una angustia tremenda! Claro, como él es tan carismático, inteligente y capaz —hablo como mamá objetiva, por supuesto—, pudo sacar adelante la presentación, hizo quedar muy bien a todo el salón, como representante del curso, y lo hizo perfecto.

El auditorio lo aplaudió en forma apoteósica. Las lágrimas emocionadas son inolvidables. Vuelven a brotar con el recuerdo. Pero debo reconocer que el estrés de mi pequeño Dani fue muy grande. Lo recuerdo a la perfección. Y el de nosotros como padres, ¡ni se diga!

Creo que mi esposo se comió todas las uñas y a mí me sudaban las manos por la angustia tan espantosa de que se le olvidara todo, se bloqueara, se le olvidara una frase y, como consecuencia, se le causara un trauma de por vida. Gracias a Dios salió muy bien librado. Como siempre.

Pero quiero resaltar aquí que todos tenemos la imagen de un niño o una niña en las presentaciones escolares tratando de decir de memoria una recitación como: «Manecita rosadita, muy despierta yo te haré, para que hagas buena letra, y no manches el papel».

Y cientos de miles de veces, niños y niñas se han quedado pálidos en el «manecita... manecita... manecita», para soltar luego un tremendo llanto en la mitad del escenario.

Por eso la imagen que recordamos no es precisamente la de un niño o una niña muy elocuentes, tranquilos, felices, sino la de pequeños llorando, con cara de pánico, a los que se les olvida todo el parlamento.

Se agarran de la esquina de su camisa hasta volverla un nudo y, con las manos frías del susto, se orinan en los pantalones.

Con el charco en el piso, atacados en llanto, los niños se bloquean porque, aunque se sabían de memoria la lección, se les olvidó por completo ante el síndrome del pánico escénico, frente al público más importante de su vida: papá y mamá.

Los padres no entienden por qué el niño no recuerda, si en la casa la recitaba a la perfección todos los días anteriores a la presentación.

En el día a día empresarial, se vive la misma situación, llevada a la edad adulta. Bueno, pues le tengo una mala noticia: el pánico escénico, el temor al auditorio, el ponerse pálido, o rojo, o con las rodillas temblorosas, *no* se quita. Siempre lo va a acompañar en cualquier escenario. No existe una fórmula mágica, ni una panacea para curarlo. Aunque algunos pretendan ofrecerla.

Pero no se preocupe, le tengo una excelente noticia: Sí se controla. No tiene que controlarlo a usted de por vida. Dedicaremos gran parte de este libro a ese asunto.

Debo aclarar, sin embargo, que el conocimiento del tema si le da soporte al presentador. Pero no es la viga central de la estructura de su mensaje.

Puedo decir, con toda certeza, que lo más importante de una presentación es el presentador. Mejor dicho, lo más importante es usted. El mensaje tendrá mayores resultados en el auditorio, si adquiere seguridad para transmitirlo.

Esa es la clave número uno para lograr la «conexión» con el público. No se preocupe tanto por la presentación, por recargarla de diapositivas y gráficos para impresionar a los oyentes.

Ocúpese de lograr los niveles de empatía necesarios para alcanzar la conexión con los asistentes. En encontrar el punto óptimo de su comunicación, a partir de la calidez. En lograr la conexión a partir de la mirada. En escucharlos para saber qué piensan, qué quieren, qué necesitan.

Solo en ese momento, usted será un verdadero presentador de alto impacto. Déjelos hablar, participar, decir lo que piensan y verá que todos saldrán de allí con el mismo comentario: «Qué gran conferencista».

Aunque usted no se haya lucido tanto, pero les permitió participar, y esa es una necesidad imperativa en los asistentes a su charla.

El presentador que se las sabe todas, que busca intimidar y disminuir a los participantes, hasta hacerles «caer en cuenta» de que él es el mejor y fuera de él no hay ningún otro, está mandado a recoger.

Hoy lo que prima en la comunicación efectiva es la sencillez de la expresión. Así mismo como se aplica a las tendencias de la arquitectura y el diseño el «menos es más».

Se trata de minimalismo puro, aplicado a la transmisión de los mensajes. Para ello, es necesario romper todos los esquemas y botar todos los viejos y desteñidos discursos.

Así como le dimos tanto énfasis a la virtud de la sencillez para lograr una buena comunicación escrita, actual y virtual, descrita en el libro número uno de esta serie, ahora es necesario subrayarla mucho más, porque se trata de la comunicación hablada.

Nadie lo creería, pero no es el más complicado y pesado orador el que logra llegarle al público. Porque, cada vez más, en esta competencia de la expresión oral, es de gran importancia la naturalidad.

En un escenario, sala de juntas o aula de clases, no solo lo leen y se lo imaginan, como en un mensaje enviado por correo o escrito en un libro. Aquí lo tienen al frente. Cara a cara. Le van a medir el carácter, la postura, la mirada, las manos, la respiración, el volumen y ¡hasta el aliento!

Porque en la comunicación hablada, usted se encuentra frente a frente con su público. En vivo y en directo. Por eso, insisto como Peter Seng: No basta saber «de». Hay que saber «cómo». Y le agrego: Hay que saber «cómo **transmitirlo**».

Entonces su éxito no depende en forma exclusiva de los contenidos. Obedece más bien a la actitud, seguridad, criterio, capacidad de convicción, calidez, desenvolvimiento, expresividad, entusiasmo, pasión, visión, asertividad, persuasión y todo lo demás que transmita.

No dependa solo de lo que va a decir, sino de cómo lo va a decir. De quién y cómo es usted frente al público.

Pero como nadie nació con el microchip de la asertividad incluido en la expresión oral asertiva, se requiere de un entrenamiento tanto en el fondo —la preparación del mensaje y el contenido—, como en la forma: el entrenamiento del mensajero, su imagen, postura, actitud, técnica vocal. Todo.

Es tan real esto, que se puede comprobar cuando le pedimos a varias personas que presenten el mismo contenido. El resultado evidente es que la presentación varía de manera sustancial de una persona a otra.

Puede que la primera sepa mucho más del tema, pero no logra conectarse con el público. Mientras que la segunda, no conoce tanto el contenido, pero es persuasiva y convence a punta de habilidades comunicacionales.

Si logramos desmontar ese primer paradigma, luego viene el segundo, casi tan enorme como el anterior: «Lo más importante es que yo me luzca». Otro gigante que derrumbar.

Hasta que no entendamos que lo más importante son las personas del auditorio y no nosotros mismos, seremos nada más que unos presentadores egocéntricos y patéticos, enfocados en el yo. En el egocentrismo.

Un presentador logra ser el número uno en carisma, cuando todo su interés está puesto en las personas sentadas al frente suyo. No en sí mismo.

Solo entonces comenzará a olvidarse de su imagen y de sí mismo, para enfocarse por completo en el interés de la gente que tiene en frente.

Cuando usted logre vencer estos enemigos, que pertenecen al fondo de la comunicación hablada, podrá comenzar a trabajar con la forma.

El tratamiento de la voz, la respiración, la vocalización, la postura, el volumen... son técnicas de locución que vamos a tratar en este libro. Usted aprenderá a aplicar las mejores destrezas de la comunicación hablada a cada uno de los escenarios en que se desempeña a diario. Sin necesidad de ser un locutor profesional.

Todo lo que aprendí en el Colegio Superior de Telecomunicaciones, estudiando locución, cuando salí de la Universidad Javeriana, lo voy a contar en estas páginas, para que lo lleve a la práctica.

También expondré los principios de expresión que aprendí con el maestro de maestros de la radio cultural en Colombia, Álvaro Castaño Castillo, director y fundador de la emisora HJCK, «El mundo en Bogotá». Uno de los personajes más queridos por los colombianos amantes de la cultura.

Fue todo un privilegio y una gran escuela trabajar con él, como reportera de los famosos programas «Correo cultural» y «Carta de Colombia», en los que se transmitían entrevistas a los principales gestores de las artes —como la literatura y la pintura— y toda la cultura internacional, desde Bogotá, Colombia.

Con la prodigiosa escuela de Álvaro Castaño Castillo, aprendí a impostar la voz, a modularla, a manejarla con madurez exquisita de manera sobria y tranquila, como para una transmisión de la BBC de Londres.

Con el maestro Castaño Castillo aprendí a decir «Buenos días», en cualquier escenario del mundo, con gran propiedad y con un tono de voz grave, agradable, seguro y cálido a la vez, que atrapa a cualquier público.

Aprendí, por ejemplo, a no hablar con tono de niña bogotana consentida, hija de papi, que subía el tono de las frases siempre al final, con un timbre chillón y afectado. Como si siempre estuviera haciendo preguntas. Pude controlar el timbre, el tono, el volumen...

Toda esa escuela y experiencia es la que quiero aplicar aquí. Es la misma que llevo a las capacitaciones empresariales, en las que las niñas gerentes de veintitrés a treinta años aprenden a dejar el tono consentido y comienzan a convencer con un tono mucho más ejecutivo, profesional y gerencial. Confiable.

Además de aplicar las técnicas de la locución, uno necesita conectarse consigo mismo en un auditorio. Y sobre todo con el público. Conexión pura.

Le daré unos consejos para su seguridad, valoración, identidad y estilo propio en la comunicación. Claves de comprobada aplicación para que adquiera una actitud sencilla y relajada.

Al terminar la lectura de esta obra, usted tendrá una maravillosa caja de herramientas muy útiles, que podrá llevar a cualquier escenario para ser un comunicador efectivo y de alto impacto. Las podrá utilizar aun en su casa, se las transmitirá a sus hijos y nietos. Una escuela de vida.

Lo invito a entrar conmigo en el maravilloso mundo de la realización profesional, con este entrenamiento personalizado para una comunicación hablada asertiva, persuasiva y de alto impacto.

No se preocupe más por el saber, tener o hacer mucho. Ocúpese por el SER que se va a parar frente al público. Desarrolle el maravilloso músculo de la empatía. Todo lo demás será secundario.

Cuando lo consiga, podrá valorar mucho este poderoso y memorable regalo imaginario que le dejo hoy encima de su escritorio.

Permítame hacerle entrega de un enorme aviso en letras luminosas de neón que dice:

¡FLUIDEZ!

Sonia González A.

PARTE 1

El fondo: «Qué digo»

CAPÍTULO 1

Siete claves para empoderar su comunicación

Clave 1: Inspiración, para comunicar con ingenio
Clave 2: Influencia, para dejar huella
Clave 3: Innovación, para competir y crecer
Clave 4: Autenticidad, para distinguirse
Clave 5: Pasión, para impactar
Clave 6: Cercanía, un mensaje amigable
Clave 7: Dominio de sí mismo y de grupo

CLAVE 1: INSPIRACIÓN,
PARA COMUNICAR CON INGENIO

«Si la inspiración no viene a mí salgo a su encuentro, a la mitad del camino», dijo Sigmund Freud (1856-1939), el médico y neurólogo austriaco, reconocido como el creador del sicoanálisis.

El *Diccionario de la lengua española de la Real Academia Española* dice que *inspiración* es (del latín *inspiratio, -ônis*) la acción y efecto de inspirar o inspirarse. Es la ilustración o el movimiento sobrenatural que Dios comunica a la criatura, el efecto de sentir el escritor, el orador o el artista el singular y eficaz estímulo que le hace producir espontáneamente y como sin esfuerzo.

San Pablo, en la segunda carta a su discípulo Timoteo le dijo: «Toda la Escritura es inspirada por Dios». La Biblia es un libro inspirado (de la palabra griega *theopneustic*), vocablo que implica que «Dios sopló» y la inspiró. También San Pedro afirmó, en su segunda carta, que «los hombres de Dios fueron inspirados por el Espíritu Santo».

Es por la inspiración divina, por tanto, que toda la Escritura es reconocida como Palabra de Dios. Es la comunicación más «viva y eficaz, útil para enseñar, convencer, instruir, para que las personas sean perfeccionadas y preparadas para las buenas obras» (paráfrasis de la autora de 2 Timoteo 3.16 y Hebreos 4.12).

Así como en la pintura, la escultura y la música se necesita inspiración para crear grandes obras, también para el arte de la comunicación es definitiva la inspiración.

Se necesita tanto para ser inspirado y hablar asuntos que generen impacto, como para inspirar a otros con el mensaje que usted les da.

Inspirar a los oyentes es uno de los niveles más altos de la expresión oral. Una persona que inspira algo cuando comunica, logra no solo persuadir y ser asertivo, sino dejar una marca en las personas.

Al dejar una huella inspiradora en ellos, logrará resultados insospechados como transformar su ser interior, forjar cierta cultura, romper paradigmas, establecer procesos de confrontación que lleven a desaprender lo que está mal aprendido... Producirá al hablar risas, lágrimas, asombro, reconocimiento, revelación de verdades, reflexión y recapacitación.

La inspiración es la virtud de los grandes oradores. Los que inspiran son mucho más que simples informadores. Más que buenos oradores y conferencistas, son mentores que llevan al cambio. Son comunicadores de «valor agregado». Son los del «plus» extraordinario. Van más allá y siempre «sacan la pelota del estadio».

Un comunicador que inspira logra un efecto de tan alto impacto que motiva a su auditorio a iniciar acciones nuevas. A dejar lo que estaban haciendo mal y a emprender grandes batallas. ¡Por la conquista de sus sueños!

Se puede inspirar a la pasión, a la innovación, al emprendimiento, a los principios y valores, a la inteligencia emocional, a la unidad, a la moralidad, a ganar, a soportar las dificultades para alcanzar las metas trazadas. A ser valiente y esforzado con su propósito.

Porque la inspiración conduce de manera maravillosa a la reflexión sabia, esa que lleva al reconocimiento y al mejoramiento continuos.

Aun en las ciencias exactas, objetivas, esta clave es necesaria.

La inspiración no es algo que viene como por arte de magia. Ni porque las nueve musas de la leyenda griega aparezcan. Es una habilidad clave de la comunicación que es necesario buscar, desarrollar y trabajar para alcanzarla.

Es el resultado de cultivar una técnica artística o de trabajar una composición musical, o investigar de manera profunda, hasta encontrar las verdades y conceptos que se quieren transmitir como comunicador.

Me gusta una frase del pintor español Pablo Picasso que ejemplifica muy bien este asunto: «La inspiración existe, pero tiene que encontrarte trabajando».

El novelista francés Víctor Hugo dijo algo más célebre todavía: «Inspiración y genio son casi la misma cosa».

Si unimos los conceptos podríamos llegar a serias conclusiones en cuanto a la importancia de la inspiración en la comunicación.

Primero, que no se puede ser inspirado para hablar ni ser inspirador para otros, si no trabajamos en el desarrollo de nuestras competencias y habilidades para hablar. Y segundo, que la inspiración tiene que ver con su propia genialidad en el estilo como comunicador.

En ese sentido, este libro quiere ser inspiración, para que usted pueda desarrollar al máximo su potencial como comunicador en diversos auditorios.

Sea inspirador para otros. Inspírese. ¡Inspire!

CLAVE 2: INFLUENCIA,
PARA DEJAR HUELLA

La capacidad para influenciar a otros es una de las habilidades más contundentes de un buen líder. Y el medio primordial para influir es la comunicación. Es decir, que de su nivel de comunicación depende su influencia. Y de su nivel de influencia, su liderazgo.

Los políticos, gerentes, ejecutivos, profesionales y empresarios, directivos en general, con frecuencia deben enfrentar grupos de personas para transmitir mensajes importantes. Necesitan convencer, motivar, divertir, establecer una imagen favorable o aclarar confusiones.

Uno de los momentos más difíciles en el día a día de una persona es cuando se encuentra ante un auditorio influyente con un mensaje importante que transmitir.

Acerca de *inspirar*, el *Diccionario de la lengua española de la Real Academia Española* dice:

> Del lat. *inspirãre*. 1. tr. Atraer el aire exterior a los pulmones. U. t. c. intr. 2. tr. Infundir o hacer nacer en el ánimo o la mente afectos, ideas, designios, etc. 3. tr. Sugerir ideas o temas para la composición de la obra literaria o artística. 4. tr. Dar instrucciones a quienes dirigen o redactan publicaciones periódicas. 5. tr. Dicho de Dios: Iluminar el entendimiento de alguien y mover su voluntad. 6. prnl. Enardecerse y avivarse el genio del orador, del literato o del artista con el recuerdo o la presencia de alguien o algo, o con el estudio de obras ajenas.

En su best-seller del *New York Times*, *Las 21 leyes irrefutables del liderazgo*, John Maxwell —el gurú número uno de la Asociación Mundial de Liderazgo—, menciona la «ley de la influencia».

De las que menciona John Maxwell, la segunda es la ley de la influencia: «La verdadera medida del liderazgo es la influencia, nada más, nada menos».[1]

Y lo que más me llama la atención es el lema del libro: «Siga estas leyes y la gente lo seguirá a usted».

La comunicación hablada de un líder es un factor determinante para que la gente lo siga. Nadie quiere seguir a un líder que no se expresa bien. Que no comunica, ni transmite, ni logra una comunicación asertiva.

En cambio todos quieren seguir, como si tuviera un imán, a aquel líder que se comunica bien. Porque logra la conexión perfecta con sus mensajes.

Se expresa de tal manera que sus palabras son claras y sencillas, pero profundas. Convence. Muestra criterio y seguridad. Sabe «llegar» a la gente. Genera influencia, no solo a la mente sino también al corazón de las personas.

Se puede influenciar con la comunicación hablada y a través de cada una de las palabras que decimos, no solo en medio de un discurso, conferencia, capacitación, seminario, foro o debate.

La influencia de la comunicación hablada se logra también en los pasillos. En la interlocución uno a uno, en la oficina. Porque a través de las palabras podemos influenciar a los demás, para que ellos tomen iniciativas inteligentes. O para que eviten tomar decisiones equivocadas.

La influencia del comunicador en la vida de una persona puede comenzar aun cuando esta sea un niño y esté en el colegio. O en las universidades, en medio de las aulas. Con todo lo que habla un maestro, genera una influencia central en la vida de la persona que inicia su desarrollo y su proyección.

La influencia puede ser positiva o negativa. Por eso se puede pensar en la capacidad de influir a través de la comunicación no solo como una habilidad, sino como una responsabilidad de quien la ejerce.

La persona que comunica sabe que cuenta con un área de influencia sobre la que puede ejercer un ejemplo de vida. Por eso es que la influencia se logra tanto con las palabras y el mensaje hablado como con el ejemplo y la comunicación no verbal.

Y, en muchas ocasiones, esa influencia silenciosa de la expresión puede pesar más que todas las palabras pronunciadas.

A través de la comunicación uno puede influenciar miles de vidas. Sobre todo si se trata de mensajes transmitidos por los medios comunicacionales.

Los canales de televisión y radio cuentan con acceso a millones de personas a la vez. Por eso a la capacidad de influir de un medio de comunicación se le llama el «cuarto poder».

La influencia de un conferencista en la motivación o desmotivación de un participante a un auditorio puede marcar su vida para siempre. Por eso es que esta clave de la influencia implica un direccionamiento hacia el poder.

Influencia política, cultural, social, musical, artística, profesional, académica, literaria, creativa, espiritual... la influencia puede tocar todas las esferas de la vida y del poder.

Influenciar es la clave. Y, para ello, el medio más efectivo y contundente es la comunicación. Sea interpersonal, en grupos o en medios masivos.

Busque su área de influencia. Influenciar es un objetivo de su comunicación. Utilice su capacidad para influir. ¡Y deje huella!

Clave 3: Innovación,
para competir y crecer

En el mundo actual, acosado por la necesidad de competir para ganar, la innovación se ha vuelto más que una necesidad obvia una exigencia desesperada de los profesionales y empresarios que requieren aumentar su rentabilidad a partir de un mayor crecimiento de sus ingresos.

Y de nuevo aquí podemos decir, que la primera habilidad que un empresario debe innovar es su comunicación.

La innovación no es una opción para elegir si se quiere o no implementar, sino que es una prioridad que debe colocarse en el primer lugar de la agenda empresarial.

La comunicación influye todas las disciplinas: servicio al cliente, motivación, recursos humanos, responsabilidad social, mejoramiento continuo. Todas deben comunicar un mensaje claro y sencillo, pero profundo.

La innovación, por sí misma, no puede transmitirse. Necesita aliarse con una comunicación asertiva que impresione a los diferentes públicos, a partir de ideas ingeniosas y de alto impacto.

Porque nada consigo con generar las mejores ideas, si no logro transmitirlas de manera asertiva y persuasiva para que sean implementadas.

Para darlas a conocer, difundirlas, sensibilizar alrededor de ellas y concientizar al público sobre sus beneficios, la idea por sí misma no basta. Es necesario expresarla y comunicarla con inteligencia.

Por eso la innovación y la comunicación van de la mano. Son primas hermanas.

La forma más segura de realizar proyectos innovadores, que comuniquen y trasmitan bien sus objetivos y su concepto esencial, es implementar una gerencia de proyectos: PMO. Es necesario que la innovación sea parte de toda la estrategia de comunicación organizacional de la entidad.

La innovación no es algo nuevo, ni recién inventado. Solo se ha descubierto como un factor potencial de éxito que ha sido parte de la historia misma.

También en estamentos como el gobierno de un país, es necesaria la innovación, en medio de procesos de mejoramiento de la comunicación. En el siglo XIX, Friedrich List mencionó la función del estado como promotor de la innovación en los pueblos. Así nació el «Sistema Nacional de innovación», que generó un importante impacto.

Fue así como, de manera progresía, se fue generando la conciencia de la importancia de la innovación como parte de los procesos de comunicación, a todo nivel y en todos los espacios.

En el mundo actual, marcado por tanta competitividad comercial, las habilidades para negociar se demuestran por medio de una capacidad de persuasión innovadora. Y es solo a partir de una buena comunicación que se consiguen «innovaciones efectivas».

Por eso es claro que la innovación es mucho más que los avances de la tecnología, es ingeniar, crear y producir ideas que luego son transmitidas y divulgadas de manera asertiva por un buen comunicador. O por un excelente sistema comunicacional.

Se sabe que la cadena de comidas McDonald's es un ejemplo de innovación en el mundo. Con la inmensa letra «M» roja, alcanzó más imagen e influencia que ninguna otra marca de comidas a nivel global.

Fue a través de una innovadora y asertiva campaña de comunicación muy persuasiva, con el personaje de McDonald's en tamaño real, sentado a la puerta de la mayoría de sus tiendas, con sus atuendos rojos con amarillo y su particular sonrisa, que logró convencer a nivel global a todos los niños, jóvenes y adultos de que no habría otro logar más «feliz» que McDonald's para comprar una hamburguesa o una malteada.

Eso es comunicación pura. Es decir, es la innovación bien comunicada. De lo contrario, sus «cajitas felices» para los niños, no hubieran pasado de ser una bonita cajita más, o una buena idea más. En realidad es un verdadero fenómeno de innovación, basada en la excelente comunicación de un mensaje de alto impacto.

La comunicación innovadora es una necesidad inminente de la vida moderna. Es parte de la estrategia para crecer y obtener ventajas competitivas en todos los campos y esferas.

Algunos beneficios de la comunicación innovadora son:

- Mejoramiento continuo
- Servicio renovado
- Fluidez de la comunicación organizacional
- Facilidad de los procesos
- Sencillez de las respuestas y formatos
- Información con lenguaje actualizado
- Definiciones claras y mejoradas
- Soluciones prácticas y aplicables
- Conclusiones y sugerencias útiles

La innovación en la comunicación se desarrolla en un ámbito amplio y atraviesa la mayoría de las funciones en las entidades y empresas con metas de largo alcance.

Los resultados se verán impactados, a partir de la innovación de la comunicación. No solo en rentabilidad, sino también en altos estándares de calidad. Además se genera un ambiente de motivación para los clientes internos y externos, que se sienten muy a gusto a partir de los nuevos mensajes y la nueva proyección de la empresa y sus productos. Porque lo que se comunica a partir de la innovación es un buen deseo de mejoramiento continuo.

Aunque no es tan fácil definir innovación como un concepto determinado, algunos estudiosos la han clasificado en tres tipos, así: incremental, radical y gerencial.

- **Incremental:** Genera valor agregado a una marca o producto que ya existe. En la comunicación, implica impulsar las metas, a partir de un mensaje inteligente enfocado en la necesidad del cliente y en sus beneficios, no en el producto mismo.
- **Radical:** Muestra un nuevo producto, servicio o proyecto. En la comunicación, implica, por ejemplo, pasar de carteleras a proyectar videos en la intranet.
- **Gerencial:** Transforma las metodologías para lograr efectos en los indicadores de gestión. Busca romper los paradigmas y cambiar los esquemas de la entidad para generar cambios estructurales en la cultra. En la comunicación, implica una generación constante de renovación en la transmisión de los mensajes y conceptos. A partir de un nuevo lenguaje, lleno de cambios hacia lo simple y lo moderno.

Innovación de la comunicación es salir del estilo rígido, acartonado y arcaico para entrar en una nueva dimensión. Más flexible, amigable y cálida. Que facilite los procesos gerenciales, con alto nivel de impacto.

La comunicación innovadora es una de las fortalezas estratégicas de las personas y de las organizaciones hoy.

Siempre estará encaminada a aumentar la competitividad. Puede ser por medio de ahorro de costos, mensajes fluidos y efectivos. Que no generen confusiones y faciliten los procesos.

O también mediante mensajes transmitidos a diferentes públicos, para explicarles las novedades del cambio como el aumento de las ventas, la comercialización y, lo más importante, la fidelidad de los clientes.

Clave 4: Autenticidad,
para distinguirse

La autenticidad es la forma de expresión y comunicación que muestra los rasgos diferenciadores de la persona, tal como es en sí misma. Sin imitaciones. Sin pretensiones, ni afectaciones. Sin máscaras ni disfraces para ocultar la verdadera imagen.

Es un factor que funciona como uno de los más poderosos en el éxito de la comunicación. El comunicador auténtico es como es. Logra resultados siendo diferente y sencillo. Sabe aprovechar bien sus fortalezas personales. Su carisma. Y casi que es capaz de reírse de sus debilidades. Ni les presta mucha atención.

La autenticidad se refiere a la sinceridad y transparencia que alguien transmite. Pero si se quiere profundizar en ella, se puede estudiar como un término técnico de la filosofía que analiza lo existencial.

El concepto de autenticidad se utiliza también en arte. Y claro, se estudia como parte de la investigación de la conducta en la psicología.

Ser auténtico determina los resultados positivos o negativos de la expresión oral. Porque la autenticidad es el diferencial. O sea el «factor X» que usted logra alcanzar como comunicador de alto impacto.

Implica fidelidad a la personalidad y el carácter. Aun por encima de todas las presiones familiares o sociales.

El término autenticidad surgió dentro del existencialismo. Algunos escritores redactaban en idiomas distintos del inglés y por eso los llamaron así. Auténticos. Como Kierkegaard, Heidegger y Sartre. Gracias a ellos, se analizó la llamada «conciencia-*propia*» como una habilidad personal para saber vivir sin ser afectado por las influencias externas.

La autenticidad es una forma de comunicarse de manera libre y espontánea. Es una respuesta inteligente a las presiones.

La autenticidad de una persona al expresarse en público se mide en su capacidad de valorar su sentido de identidad. No se concibe una persona catalogada como auténtica que no tenga una alta dosis de seguridad en lo que es en sí misma, en su esencia, sus raíces.

Los auténticos por lo general sorprenden los auditorios con su nivel de espontaneidad superior. Porque no se preocupan tanto por agradar a las personas ni por el llamado «qué dirán».

Su mayor preocupación no es llamar la atención y ser aprobados por todos, sino no perder su esencia original. La conservan a toda costa. A veces contracultura. Y muchas veces sin ser aceptados o aprobados por algunos.

Solo los comunicadores auténticos logran impactar y romper los esquemas. Es su propia capacidad de ser genuinos la que los saca del molde y los lleva a dejar una impresión contundente en cada público.

Aun en la comunicación personal, en los pasillos, o en los restaurantes, por lo general los que tienen autenticidad llaman la atención y atraen a las personas por su exquisita cualidad.

Cuando fui jefe de prensa para Pedro Gómez y Cía., en la oficina del Centro Andino en Bogotá, presencié una de las conferencias más interesantes e impactantes con un consultor que siempre muestra su nivel de autenticidad, Pedro Medina.

Pedro era en ese momento el presidente de McDonald's en Colombia. Hoy es el gestor de «Yo creo en Colombia» y un gran impulsor de la iniciativa «Colombia es pasión».

Cuando comenzó su conferencia, sobre el tema «Manejo efectivo del tiempo», cometió la osadía de encender un fósforo y comenzar a quemar un billete de $50,000 pesos colombianos (US$25 dólares). Todo el auditorio emitió un ruido de asombro y casi que gritó en coro: «¡No!»

Luego dijo con toda la gracia: «Eso es exactamente lo que usted hace, cuando permite que le "quemen" su tiempo con tantas interrupciones».

Después inició otra dinámica muy auténtica, como todas las suyas. Le dijo a uno de los asistentes: «Señor, por favor, ¿me permite su billetera?...» Y el participante se la entregó sonriente... Pero cuando ya llevaba como media hora con la billetera entre el bolsillo, todo el auditorio comenzó a sentirse incómodo.

El dueño de la cartera empezó a carraspear con la garganta... las señoras comenzaron a murmurar muy bajito y al oído entre ellas... como si dijeran: «¿Será que no piensa devolvérsela?»

Pedro siguió muy campante con su charla. Solo hasta cinco minutos antes de terminar se llevó las manos a la cabeza y dijo: «¡Ah!, verdad que tengo su billetera...», y se la devolvió.

Todas las personas que estaban en la conferencia irrumpieron en risas y al dueño de la cartera le volvió el alma al cuerpo.

Fue entonces cuando Pedro Medina dijo, como conclusión de su auténtica dinámica de choque: «¿Se da cuenta de lo que pasa cuando usted permite que le metan la mano en el bolsillo y le "roben" su tiempo?»

Ese día, Pedro Medina marcó mi vida para siempre y me dejó una lección de capacitación inolvidable, gracias a una de sus principales virtudes como consultor número uno en Colombia y otros países, la autenticidad.

CLAVE 5: PASIÓN,
PARA IMPACTAR

Todo lo que tiene que ver con la pasión se vuelve una especie de marca de la comunicación.

«Colombia es pasión». *La pasión* de Mel Gibson. Hasta en inglés: *passion fruit* (maracuyá). Pasión por el fútbol. Pasión por la música. Pasión por los helados. Pasión por los chocolates. Pasión por el automovilismo. Pasión por escribir. Pasión por Dios... ¡Pasión!

Quiere decir que si usted no le aplica el ingrediente determinante de la pasión a su comunicación hablada, al transmitir el mensaje será un mensaje más. Sin marca. Plano, aburrido y, lo peor, muy poco efectivo.

En cambio el presentador que transmite pasión por el tema alcanza niveles muy altos de persuasión y resultados sorprendentes en la rentabilidad de cualquier negocio. Así el «negocio» sea hablarle a la familia en la sala de la casa, a los amigos en el café de Juan Valdez o Starbucks, o en un seminario para mil quinientas personas en Expo Gestión o en la universidad de Harvard.

Solo debemos aclarar que el concepto de pasión en la comunicación no se refiere a gritería, ni a emocionalismo excesivo, ni a «motivación» desbordada.

El concepto de pasión en la expresión oral se refiere a una fuerza interior centrada, aplomada, contundente que lleva al auditorio a vivir el mensaje con altos niveles de sensibilización y concientización por el tema.

Solo se transmite pasión cuando se vive el mensaje. Cuando el comunicador logra una conexión total entre el pensamiento y el corazón. Cuando consigue tocar las fibras experienciales y vivenciales del aprendizaje.

Puede haber pasión cuando el comunicador ama de verdad lo que expresa. De lo contrario, es imposible que exprese pasión. Todo será vacío, soso, insípido y muy pesado.

El comunicador apasionado vive, siente su mensaje, en forma intensa. Por eso permite que todos los que lo escuchan participen de esa pasión que transmite en sus ideas.

Incluso notarán la pasión, sin necesidad de que hable demasiado. Al primer saludo, con la expresión de la mirada y el brillo de la sonrisa, se le notará la virtud de los grandes expositores: Pasión.

Cuando recibo retroalimentación de los procesos de entrenamiento que doy en las empresas, los funcionarios los califican como: alegres, apasionados, dinámico, llenos de energía, transformadores, emocionantes e innovadores.

Es por eso que cuando regreso a casa siento que, después de ocho, dieciséis, treinta y seis... mil horas de entrenamiento, quedo absolutamente fundida. Pero con la satisfacción de saber que di lo mejor de mí para los asistentes.

No concibo la comunicación sin pasión. Para mí, la transmisión de un mensaje efectivo debe incluir un componente de adrenalina pura.

Creo que si no fuera por esa pasión que transmito, los talleres y seminarios no serían más que eso. No pasarían de ser las clases tediosas de una señora acartonada que no se conecta con nadie.

Se puede transmitir mucha información, conocimiento, técnica, hablar muy bien, demostrar que se sabe mucho, incluso dejar a todas las personas descrestadas con todo lo que sabe del tema.

Y hasta pueden felicitarlo a uno muchas personas del público por su capacidad y conocimiento. Pero.... ¡olvídese! Si no hay pasión, no hay comunicación. Será pura información.

Créame. Es la pasión que le imprima a la comunicación lo que marcará la diferencia de su presentación. El comunicador con el privilegio de mostrar esta virtud de la pasión, produce en las personas que lo escuchan un efecto especial de miradas asombradas. Termina por apasionar a las personas con el tema que expone, los hace sentir que su discurso es fantástico.

A los diez minutos de haber comenzado, ya ha capturado la atención de todas las personas, y genera en el ambiente un clima especial. Una energía vital y positiva que lleva a su público a sentirse muy cómodo y feliz con lo que escucha.

Por eso Teresa González Santini, la gerente de comunicaciones de Movistar (ahora de Ecopetrol) en Colombia, me preguntó un día, al final de un taller de expresión escrita (redacción): «¿Cómo haces para que un tema tan "yeso" se vuelva tan divertido?...» Y mi respuesta fue la siguiente: «¡Pasión!»

Y cuando un profesor de comunicación social en la Universidad de La Sabana, me preguntó: «Y cómo haces para sacar la pelota del estadio siempre?» Le respondí lo mismo: «¡Pasión!» Claro, se lo digo con mucha pasión.

Creo que la pasión en la comunicación sí se aprende. Como cualquier otra habilidad. Insisto: sin pasión, no hay verdadera comunicación. Solo pura información.

CLAVE 6: CERCANÍA,
UN MENSAJE AMIGABLE

Un mensaje cercano y amigable puede llegar a niveles mucho más altos de efectividad que uno distante, rígido, frío, hostil y distante.

Llegar a esa conclusión le ha costado años de experiencia y rompimiento de paradigmas a los mejores oradores y comunicadores del mundo. La constante muestra que, en la medida en que el comunicador cuenta con mayor habilidad, es mucho más cercano y amigable.

Parece que se requiere «cancha» para lograrlo. Pero por más fogueo que tengan en los escenarios, la verdad es que hay algunos conferencistas que prefieren no ser tan cercanos. No les interesa verse amigables. Nunca lo han intentado siquiera. Es decir, prefieren quedarse lejanos que involucrarse con su público, porque sienten temor de parecer atrevidos.

La cercanía del mensaje amigable, se puede lograr, sin necesidad de pasarse de listos o de faltar al respeto. Eso sí, es una virtud que requiere de mucho «tino».

Porque algunos por querer ser amigables producen el efecto contrario de verse un poco pesados, atrevidos y hasta ridículos. Se pasan la raya de la cercanía y pierden el sentido de la compostura. La línea es muy delgada.

La cercanía implica conexión con la mirada, la sonrisa, el saludo amable, con todos los sentidos. La forma de mantenerse en el punto de equilibrio es no olvidarse de aplicar siempre a su comunicación una alta dosis de un valor definitivo: Respeto. Y a ese valor, una virtud de gente grande: Diplomacia.

Es un tono especial. Un toque de distinción y dignidad, que lo mantendrá en su lugar, pero lo volverá muy pero muy cercano y amistoso con su auditorio. Ahí está la clave.

Para ser cercano se requiere salirse un poco del atril o de atrás del escritorio, para entrar a movilizarse entre el auditorio. No quedarse paralizado al lado de la pared donde se proyecta el video de la presentación, o escondido detrás de la hoja de su discurso.

El comunicador cercano y amigable, busca conectarse con su auditorio a partir de técnicas de conectividad con la gente. Usted puede comenzar por imitar a otros al principio, pero luego encontrará sus propias reglas en el juego de la comunicación amigable.

Entre las técnicas para un mensaje cercano y amigable, puedo sugerirle algunas sencillas y básicas, pero contundentes y muy efectivas:

- Permita que las personas del auditorio participen y conviértalas en parte de su mensaje.
- Si es una capacitación o reunión empresarial, hable a las personas por su nombre. Recuerde pedir que lleven el nombre escrito en una escarapela.
- No se quede parado en un solo lugar distante y alejado del salón, camine entre las personas y hable como si dialogara con ellos, no como si fuera una cátedra magistral alejada y rígida.
- Prepare dinámicas y lúdicas sencillas que le permitan ser más amigo de las personas. Llévelos a sonreír y a sentirse muy cómodos con su mensaje. No asustados, aburridos o intimidados.
- Haga preguntas sobre el tema que permitan a cada persona en el auditorio lucirse con respuestas inteligentes. No trate de «corchar» o «rajar» a nadie, porque perderá su confianza de inmediato y se volverá su enemigo, no su amigo.
- Sonría con las personas que asisten a la conferencia y converse con ellos en el pasillo, en el refrigerio... conteste las preguntas que le hacen en los descansos. No se aparte de ellos como si usted fuera un genio inalcanzable o de mejor categoría, por ser el consultor, conferencista o capacitador. Asuma siempre la postura de un facilitador.
- Si en algún momento se equivoca, pida disculpas. Si no sabe de un tema que le preguntan, reconozca con sencillez que no sabe y comprométase a averiguarlo.
- Si alguien le refuta una idea, no sea reactivo, no se deje enganchar con una mala actitud o grosería. Guarde silencio y

permanezca tranquilo mientras se calman los ánimos. Recuerde que lo más importante es la relación, antes que su razón. Aunque la tenga.

- Si existe una discrepancia, sepa exponer las diferencias con una actitud tranquila y sabia. Sin salirse de casillas.

- Ríase de sus propias fallas, defectos o equivocaciones, esto lo hará más amigable. Recuerde que una persona pretenciosa siempre se quiere presentar como el sabelotodo infalible del auditorio.

- Entre más sencillo y normal se presente, más identificación sentirá la gente con usted. Por eso muéstrese tal como es, sin prepotencia ni alardes egocéntricos que son fastidiosos y pedantes.

- No olvide comenzar siempre con un agradecimiento a las personas que le invitaron y un reconocimiento a los anfitriones de la entidad o la organización que coordina el evento o conferencia donde usted va a participar.

- Al finalizar su presentación, permita una retroalimentación amigable de los participantes. Esa es su mejor medición y diagnóstico sobre qué tan amigable y cercano es en realidad. En esa evaluación, las personas le dirán con sinceridad cómo lo ven. Y si le va bien, todos le darán las gracias y le reconocerán su amabilidad. Ese será su certificado de calidad.

- Si su presentación es con video en PowerPoint, termine con una gran diapositiva en letras gigantes: «¡GRACIAS!»

La virtud de ser amigable y cercano es algo que usted debe llevar puesto al auditorio, como la corbata o la cartera. Vuélvalo parte de su estilo como comunicador. Y pronto se dará cuenta de los resultados que obtendrá.

Los que ya son amigables y cercanos, pueden crecer cada vez más en el tema. Porque como todas las técnicas artísticas, la de ser cercano en la comunicación debe crecer y mejorar cada vez más. Con innovación e ingenio. Hasta convertirse en parte de su estilo. De su sello personal.

CLAVE 7: DOMINIO DE SÍ MISMO
Y DE GRUPO

El dominio de sí mismo puede ser el catalizador perfecto para conseguir el equilibrio entre la calidez y la calidad. Entre la autoridad y la amabilidad.

El dominio de sí mismo se relaciona en forma directa con la inteligencia emocional (I.E.). Un tema apasionante. Dicto talleres y seminarios en las empresas sobre I.E. Compré todos los libros al respecto. Incluso el de la inteligencia emocional para ejecutivos.

Según Daniel Goleman, psicólogo y escritor del *New York Times*, principal gestor del tema, la inteligencia emocional es la búsqueda del autoconocimiento y la autoregulación. Es decir, el dominio de sí mismo.[2]

La I.E. permite tomar conciencia de las emociones personales. Comprender los sentimientos de los demás, tolerar las presiones y frustraciones. También acentuar la capacidad de trabajo en equipo y de la actitud empática.

La inteligencia emocional es la capacidad para reconocer sentimientos propios y ajenos. Es la habilidad para manejarlos.

Goleman dice que la inteligencia emocional presenta cinco capacidades básicas: conocer las emociones y sentimientos propios, manejarlos, reconocerlos, crear la propia motivación y gestionar las relaciones.

La competencia en la que se pueda medir con mayor claridad la inteligencia emocional de un líder es en la comunicación y la capacidad de relacionarse con otras personas.

Dentro del contexto muy profundo de la I.E. creo que el aporte mayor a la comunicación es la autoregulación, o sea el dominio de sí mismo. Es el dominio del pánico escénico y los temores. Pero sobre todo, de las emociones desbordadas.

Estas emociones pueden ser desde la euforia desmedida, pasando por la ira y la agresividad reactiva, hasta la depresión o los temores producidos por la timidez que paraliza y deja a las personas enmudecidas por el susto.

Cada persona reacciona diferente frente al temor. Esto tiene que ver con su coeficiente emocional. Su capacidad de tener dominio de sí mismo y no dejarse gobernar por el pánico, la rabia, la timidez o la sobreexaltación.

Lo llamo la I.E.C., inteligencia emocional en la comunicación. La persona que la desarrolla transmite sus ideas y mensajes con dominio de sus emociones. Se presenta como un comunicador equilibrado, autorregulado, que se conoce a sí mismo, sabe cómo manejar sus debilidades y fortalezas.

El dominio de sí mismo en el escenario, cualquiera que este sea, permite que usted se vea relajado, seguro, aplomado, tranquilo. De esa manera le da confianza y seguridad al público que lo escucha.

Cuando se dominan los nervios y los impulsos, entonces se controlan los efectos del pánico escénico, como el temblor de las manos, el jugar con el anillo de manera compulsiva, o jugar con el estéreo retráctil, o llevarse la mano al cabello en forma ansiosa...

Dominar el pánico es muy importante ya que es una de las cosas que más afecta a la comunicación y las presentaciones. Pero también se deben dominar las diferentes formas exageradas de falta de equilibrio personal. Como los regaños a los asistentes porque hablan por celular.

También se nota la falta de dominio en las reacciones agresivas porque una persona hace una pregunta absurda, o porque un grupo de personas se pone a hablar en secreto mientras usted está hablando.

Si no tiene equilibrio y dominio, va a tener que adquirirlo, porque no se puede ser un comunicador asertivo si no hay equilibrio entre lo agresivo y lo pasivo.

Dominar sus propias debilidades le ayudará a subir el próximo peldaño de inteligencia emocional aplicada a la comunicación, que es el dominio de grupo o dominio de escenario, porque si usted se sabe controlar, podrá controlar todo lo que está alrededor de usted, sin que se le salga de las manos.

Ese es uno de los «músculos» que más he tenido que desarrollar en todos estos años de consultoría en comunicación para diferentes escenarios y espacios de influencia. Porque como todas las habilidades y destrezas, el dominio se desarrolla con la experiencia.

He aprendido a mantener el dominio frente a personajes difíciles de tratar que, en otro tiempo, seguro me hubieran sacado de casillas. A dominar también las emociones desbordadas de felicidad, el exceso de expresividad, las emociones que me hacen llorar a mares o reír a carcajadas.

Bueno, aunque la verdad es que creo que esto del dominio propio es algo que tendremos que trabajar hasta el último suspiro de nuestras vidas.

Otra forma de dominio importante es someter la timidez y los sentimientos de temor e inseguridad que nos hacen asumir una estúpida postura de inferioridad frente a las personas que nos escuchan.

Parece que empequeñecemos frente a ciertas personas o auditorios. Logran intimidarnos. Entonces asumimos posturas infantiles y absurdas de sometimiento.

A veces porque mantenemos el paradigma de que podemos parecer muy mal educados o muy creídos, si hablamos con absoluta transparencia de todas las cosas buenas que hemos hecho, de quiénes somos y cuál es nuestra experiencia.

Por ese síndrome, cuando nos presentamos ante alguien, le decimos con cara de poquedad: «Bueno, sé hacer algunas cositas, pero la verdad es que me falta mucho para ser como usted».

Y si estamos frente a un escenario, comenzamos a titubear para decir quiénes somos ya que no queremos que nos vean arrogantes. Perdemos el control, nos ruborizamos y empezamos a darles vueltas extrañas a las frases para que ninguna suene «ofensiva» a quien nos oye.

Con el mismo consultor Pedro Medina de la Universidad de Los Andes, ex presidente de McDonald's, estábamos en un desayuno de trabajo con uno de sus asistentes de «Yo creo en Colombia».

Yo acababa de realizar un especial de gestión humana en la sala de ejecutivos del diario *El tiempo*. Queríamos hablar acerca de sus experiencias como consultor de primer nivel.

De pronto Pedro Medina sacó de su maleta Nike un pequeño coco, pintado de blanco. Era como una semilla, muy bonita. Me la puso en la mano y me dijo: «Te regalo este coco».

Sorprendida le pregunté: «¿Y... para qué es esto?» A lo que contestó muy directo y contundente: «Es para que te lo pongas debajo de la lengua y nunca más en la vida vuelvas a decir cosas tan débiles como "Yo dicto unos tallercitos...", porque parece que hasta te da pena mencionarlos».

¡Santo remedio!... A partir de ese día, cada vez que debo presentar ante una persona o un público de mil quinientas personas, el oficio que desempeño con tanto trabajo y éxito (¡Gracias a Dios!), digo con absoluta seguridad y sin miedo: «Soy la consultora número uno en el desarrollo de habilidades y competencias comunicacionales». Sin pena. Y el efecto es impresionante.

Para lograrlo he tenido que ejercitar con mucho esfuerzo la virtud del dominio de mí misma.

Me llama la atención que, en la Biblia, Pablo diga en el capítulo 5 de la carta a los Gálatas, acerca del fruto del Espíritu Santo: amor, gozo, paz, paciencia, benignidad, bondad, fe, mansedumbre y... dominio propio.

Quiere decir que, en sentido espiritual, el dominio propio es uno de los atributos del carácter de Cristo, al lado del amor, la fe y la paz. O sea que se puede adquirir como resultado de la relación con Jesús.

Por supuesto, un buen comunicador necesita todas las virtudes de Cristo en su comunicación, en cada uno de sus mensajes. El ciclo de las nueve se cierra con broche de oro con el dominio propio, porque si no hay dominio, todas las demás cualidades se caerán.

En sentido técnico, sucede igual que lo espiritual. La inspiración, influencia, innovación, autenticidad, pasión y calidez, serían como un coctel tóxico y peligroso, si no se tiene el dominio para matizar, controlar y aplomar la actitud.

El dominio de sí mismo es sinónimo de madurez y confiabilidad del expositor. De su capacidad para transmitir las ideas con seriedad, mesura, prudencia, compostura, aplomo y serenidad. Todos esos componentes del dominio de sí mismo le permiten a quien comunica un mensaje ante un público ser muy asertivo.

Si la definición de asertividad es equilibrio entre agresividad y pasividad, creo que la cualidad que de verdad puede lograr el punto de equilibrio es el dominio de sí mismo.

Este permite controlar los extremos y mantenerse en el justo medio. Como diríamos en Colombia, en el lenguaje popular: «Ni muy, muy... ni tan, tan».

No puedo explicar con exactitud lo que quiere decir ese refrán a ciencia cierta. Pero lo que sí digo es que el dominio de sí mismo logra el equilibrio perfecto de la comunicación.

Dominio de sí mismo quiere decir dominio, control, autoridad, sobre sus propias emociones, impulsos y pensamientos.

Por favor, no sea reactivo. Cuando alguien en el auditorio le diga una frase que lo saque de sus casillas, no conteste de inmediato con una grosería. No se deje «enganchar» con la furia y las malas intensiones del otro.

El dominio de sí mismo le ayudará a refrenar los impulsos emocionales. Siempre me ha impresionado la frase de Aristóteles que dice: «Cualquiera puede ponerse furioso... eso es fácil. Pero estar furioso con la persona correcta, en la intensidad correcta, en el momento correcto, por el motivo correcto y de la forma correcta... eso no es fácil».

La filosofía aristotélica se refería a lo difícil que es mantener el dominio de sí mismo en las relaciones interpersonales, en medio de una emoción de furia.

El autocontrol en la comunicación es una capacidad que permite controlar el comportamiento y las emociones en medio de un auditorio. El autocontrol no permite que estas nos controlen.

Según Goleman, en la I.E., autocontrol es gestionar adecuadamente nuestras emociones e impulsos dificultosos. Es mantener bajo control las emociones e impulsos conflictivos.

Las personas dotadas de esta competencia gobiernan de manera adecuada sus sentimientos, impulsos y emociones conflictivos. Permanecen equilibrados, positivos e imperturbables aun en los momentos más críticos. Piensan con claridad y permanecen concentrados a pesar de las presiones.

Todos esos atributos son más que necesarios en una presentación. O en una reunión de negocios entre funcionarios de alta gerencia.

O en la conversación entre parejas cuando se necesita persuadir al otro de manera ecuánime y moderada de que sus palabras o conductas son ofensivas. Puro autocontrol comunicacional.

Otra de las frases célebres del filósofo griego Aristóteles que impacta el mundo de la expresión oral es: «El hombre es dueño de su silencio y esclavo de sus palabras». Y creo que esa es una de las formas más claras de resumir el dominio de sí mismo en la comunicación. Es la clave de la I.E.C.

El escritor inglés Thomas Fuller dijo, por su parte, que «el hombre sabio, incluso cuando calla, dice más que el necio cuando habla».

Usted no tiene que decir todo lo que se le viene a la cabeza. Porque puede ser cautivo de sus palabras. Sea más bien dueño de sus silencios y quédese callado para que pueda pensar, reflexionar y permitirle al silencio ser su mejor aliado. Eso es comunicación inteligente.

Para la gente comunicadora en esencia y por naturaleza, como yo, eso es de verdad un ejercicio difícil. Ser dueña de mis silencios me ha costado la vida entera, pero puedo decirle que cuando lo logré, empecé a sentirme tan dueña de mí misma y de los auditorios, que podía mirar la vida desde cinco pisos más arriba.

Ahora, cuando hablo demasiado tengo puesto un «hablómetro» interior que me puse a mí misma. Cuando se sube demasiado, entonces me digo: «No hablo más». Me detengo en seco, de manera consciente. Freno las palabras.

Guardar silencio es lo que les cuesta más trabajo a los asistentes a mis seminarios cuando realizo ejercicios con ellos en forma permanente. Entre frase y frase incluyen muletillas ansiosas y compulsivas de relleno. Les parece imposible guardar silencio. Todo por falta de dominio de sí mismo.

Guardar silencio es una de las señales más claras de la sabiduría humana. No solo en los escenarios donde se realizan presentaciones. También en la comunicación del día a día en grupos pequeños o en el uno a uno.

El dominio de sí mismo es sinónimo de prudencia, inteligencia y crecimiento personal. Muchos proverbios bíblicos escritos por el sabio Salomón se refieren al arte de guardar la boca, para evitarse problemas y adquirir la sabiduría como un trofeo.

El que es entendido refrena sus palabras;
el que es prudente controla sus impulsos.
Hasta un necio pasa por sabio si guarda silencio;
se le considera prudente si cierra la boca.

Proverbios 17.27-28

Esa es, sin duda, la descripción perfecta del dominio de sí mismo, de la inteligencia emocional de la comunicación.

Es decir, que el dominio de sí mismo es la habilidad comunicacional que no solo se refiere a hablar bien, sino también a callar bien.

Sobre todo cuando existen emociones encontradas y difíciles en el medio. Por ejemplo, la emoción de la ira. Porque nos impulsa a decir cosas fuera de lugar de las cuales luego nos podemos arrepentir, pero no tendrán remedio.

En ese sentido, el dominio de sí mismo es un impermeable que le ayudará a resguardarse de sus propias necedades. Se expondrá mucho menos. Será menos vulnerable. Y, claro, todos los tendrán como el más confiable de los comunicadores.

La regla de oro para el dominio de sí mismo es: no hable «bobadas». No diga «babosadas». Si no tiene algo muy bueno que decir, mejor guarde silencio.

No diga sino el 1, 2, 3 y la ñapa de su mapa de ideas. No invente lo que no toca. No permita que sus fanfarronerías lo acompañen en el discurso. Domínelas como quien saca el perro a pasear y lo está adiestrando para que camine a su lado. No más adelante ni más atrás.

Por más fuerte que sea, dígale a su impulso de hablar más de la cuenta, con voz firme y fuerte dentro de sí mismo: ¡Quieto! Tal vez tenga que realizar el ejercicio muchas veces. No importa. Hágalo. Hasta que logre adiestrar y domar por completo sus palabras.

Pero el dominio de sí mismo no implica solo dominar el impulso de hablar. En el lado opuesto se encuentra el impulso que gobierna a otro perfil de personas: el de callar.

Cuando una persona quiere transmitir sus ideas y no lo hace, porque la gobierna el pánico a hablar el público, pierde oportunidades y hace que los demás se pierdan de sus capacidades y conocimientos.

Hablar en el momento adecuado, las palabras apropiadas, es lo que de verdad implica el dominio de sí mismo, aplicado a la comunicación. Es decir, que hablar lo menos posible tampoco es lo que tipifica esta facultad.

La asertividad implica hablar con firmeza. Con determinación. Es levantar la mano frente al moderador de un comité para tomar la palabra. Y hablar con propiedad. Sin decir más, pero tampoco menos, de lo que la gente necesita escuchar. Y en el momento apropiado, ¡cállese! Pero hable y no se detenga.

Todo eso unido es dominio de sí mismo en la comunicación: Callar a tiempo. Hablar en el momento adecuado. Y autocontrolar las emociones inadecuadas.

CAPÍTULO 2

El lenguaje para las presentaciones efectivas

Resumí en siete las cualidades de un lenguaje apropiado para las presentaciones efectivas: Claro, sencillo, puntual, directo, atractivo, sugestivo, contundente.

1. LENGUAJE CLARO

Cuando entrevisto uno a uno a los participantes en un taller de desarrollo de habilidades y competencias en comunicación en una empresa, universidad o grupo de personas diversas, les pregunto a todos cuál es para ellos la mayor expectativa del proceso de aprendizaje que vamos a iniciar.

La mayoría contesta: «Poder transmitir con *claridad* las ideas».

Es notable que la necesidad primordial para conseguir una buena comunicación sea la claridad. Tanto al escribir como al hablar.

Las personas que hablan en auditorios para presentar sus ideas o mostrar un informe de gestión, por lo general se confunden y dicen cantidades de cosas que no conducen al tema central.

Por el contrario, se desenfocan y se desvían. Todo por falta de esta virtud determinante: la claridad.

Para manejar un discurso *claro* es necesario romper los paradigmas mal aprendidos. Como el de pensar que hablar bien es utilizar un lenguaje recargado, arcaico, con exceso de formalismos, tecnicismos y confusiones retóricas.

La claridad implica erradicar por completo las introducciones pesadas y complicadas. También es necesario eliminar todos los términos demasiado rebuscados.

Para lograrlo, la fórmula más fácil es hablar desde lo más sencillo. No desde lo más pesado. También es clave comenzar por la idea principal, y no darle vueltas al discurso con la disculpa de querer «contextualizarlo».

El comunicador con lenguaje claro no utiliza palabrejas rebuscadas, ni términos inflados, para tratar de convencer al público de su capacidad y conocimiento.

Se puede decir que habla con claridad una persona que dice en la menor cantidad de palabras posible, con mucha sencillez, pero con gran profundidad, todos sus mensajes. Con el efecto inmediato de ser entendido por todo el auditorio. Sin complicaciones ni confusiones.

La claridad se pierde cuando tratamos de decir demasiadas cosas en poco tiempo. Solo porque pensamos que, al decir mucho, convencemos más. Ese es un gran error. La realidad es que, entre menos diga, más claro será. Y como resultado, mucho más efectivo.

Una de las formas de comprobar la claridad de lo que decimos es preguntar al final a las personas si han entendido lo que hablamos. Se puede realizar un seguimiento continuo al mensaje que exponemos con preguntas periódicas, para corroborar que somos bien claros.

No olvide el mapa de ideas: 1,2, 3 y la ñapa. De esa manera se garantiza la claridad, a partir de un sencillo pero muy efectivo sistema de ordenamiento de las ideas, de comprobado éxito.

Cuando tengo una ruta clara de las ideas, el mensaje es claro. Por eso mi sugerencia es que no salga al escenario sin antes tener un mapa de ideas escrito en un papel, al lado de la mesa de trabajo o en el restaurante, o cualquiera que sea el lugar donde vaya a hablar. Cualquiera que sea el público.

Los más hábiles pueden llevar el mapa en la mente. Y, en forma imaginaria, van tachando cada una de las ideas que tenían escritas en su mapa mental.

Pero por favor, si quiere ser claro, no comience ninguna charla con la mente en blanco, como si estuviera listo a lanzarse al vacío, donde comenzará a inventar, a dar rodeos, a titubear y trastabillar, porque no tiene idea de lo que va a decir.

No importa que conozca de memoria el tema. Que se sienta muy seguro con el manejo de la charla. No se confíe. Usted debe ser muy responsable con el aspecto de la claridad para cada auditorio, masivo, grupal o personal.

Cuando trabaje varias veces la clave del mapa de ideas, encontrará con asombro cómo creará su propia guía para llevar con claridad su comunicación.

Este sistema le permitirá espacio para iniciar la charla con un caso muy vivencial, una frase divertida o alguna dinámica.

2. LENGUAJE SENCILLO

La sencillez es una virtud de los grandes. Los expositores y oradores que logran efectos mayores son muy sencillos en el planteamiento de sus ideas.

Para mí, sencillez es igual a madurez. Porque cuando es inmadura la comunicación, la persona suele ser un poco extravagante, para llamar la atención.

Creo que, de alguna manera, sí logra llamar la atención, pero por la inmadurez y la extravagancia; no por las ideas ni por sus conceptos.

Cuando logra esta habilidad, permite que las ideas brillen con luz propia. Que los conceptos sean centrales y adquieran mayor relevancia, a partir de lo sencillo.

Siempre recuerdo la imagen del ex presidente de España, Felipe González, durante un evento que se realizó en Bogotá, sobre el neoliberalismo.

Fue organizado por la Universidad de Los Andes, la firma LEGIS y otras entidades que unidas organizaron uno de los eventos de reflexión más importantes de los últimos años en el país.

Recuerdo que esa tarde, antes de que comenzara su participación, el ex presidente Felipe González, todos los políticos y catedráticos importantes y famosos que hablaron antes de él dijeron discursos relevantes, recargados de saludos formales, protocolo y etiqueta rigurosa.

Era muy imponente escuchar a cada uno de ellos saludar al auditorio con extraordinaria reverencia y referirse al ex presidente González.

Utilizaron saludos impresionantes como: «Excelentísimo señor ex presidente...», «Honorable presidente de la madre patria española...» y muchas otras frases sublimes que llevaron al auditorio a un tono muy alto de formalidad y ceremonia, que comenzó a generar alta tensión.

Parecía como si para hablar extendieran una elegante y clásica alfombra roja a los pies del ex presidente Felipe González. O como si, cada vez que alguno lo fuera a presentar, sonaran las antiguas fanfarrias que anunciaban con trompetas a alguien de alta alcurnia.

De pronto, en un instante inolvidable, subió al encumbrado escenario el ex presidente González, con su agradable mechón canoso.

Pero lo que más me impresionó de toda la escena, fue la forma tan sencilla como el personaje comenzó a hablar, en el tono más tranquilo, simple y descomplicado que he escuchado en mi vida.

Con una informal chaqueta de gamuza en tono café y una camisa blanca de rayas azules, sin corbata, dijo con mucha propiedad una frase que dejó perplejo al público: «Yo no soy presidente». «Ni siquiera soy ex presidente». «Apenas soy un "ex jubilao" de ex presidente»... Lo dijo en un simpático tono español descomplicado.

En ese momento, el efecto de su sencillez en el auditorio fue impresionante. En el ambiente comenzó una agradable distensión.

Después de un silencio absoluto ante la sorpresiva frase que derritió el hielo y rompió el protocolo, la gente comenzó a sonreírse, a relajarse y a sentirse cómodos en sus sillas.

Luego, Felipe González dio una conferencia magistral sobre neoliberalismo que culminó con una ovación apoteósica. Creo que los mayores aplausos fueron causados por el agradecimiento del público a esa virtud de los grandes: la sencillez.

3. LENGUAJE PUNTUAL

Llevar al auditorio, paso a paso, al centro del mensaje es lo que conforma la estructura del lenguaje puntual en la comunicación hablada.

Algunos lo llaman «ir al grano». Pero no es lo mismo. Porque ser puntual es poder hablar sobre un punto, luego otro y después el siguiente, como si estuviera marcando el paso, con un ritmo y una ilación perfectas. Hasta llegar al final de la conferencia o conversación.

Suena muy sencillo: lenguaje puntual es punto por punto. Pero no es tan fácil lograrlo en el momento del discurso. Porque casi siempre los que comunican un mensaje no son puntuales sino que viven serios problemas de falta de ilación.

Al iniciar una idea, continúan con otra que no conecta, luego siguen con una que debería ser la última, y en el siguiente párrafo dicen lo que debería ser la primera frase. Es impresionante.

Para lograr el lenguaje puntual, son un recurso válido las viñetas (bullets), porque permiten resumir en puntos breves y concretos un tema. Pero como los bullets son un recurso propio de la herramienta virtual del PowerPoint, no se debe exagerar su utilización.

Ser puntual, más que usar viñetas, es lograr ir al punto de manera directa. Y mantener el hilo conductor de la conversación con un ritmo determinado y constante que lleva al auditorio a entender cada uno de los puntos clave de la conferencia.

Si se trata de una conversación informal entre amigos o compañeros de trabajo también es necesario utilizar el lenguaje puntual, ya que por falta de ser puntuales todas las conversaciones se convierten en espacios densos que no llevan a ningún punto especial. Todo da lo mismo.

El estilo puntual formula un concepto tras otro, como si se tratara de una clase de música en la que le enseñan a acompañar la canción con las palmas. Cada punto que usted trata tiene su justo lugar en la conversación. Cada aspecto que usted plantea es una tesis contundente.

Si practica el lenguaje puntual, pronto se dará cuenta de que sus ideas son como tesis de peso, que valen la pena escuchar. Pero si su lenguaje no es puntual, las ideas estarán perdidas, como enredadas en una madeja de lana apretada, a la que no se le encuentra el final de la pita.

Punto por punto, usted podrá además llevar de manera más firme su mensaje. Termina un punto. Continúa el otro. Sigue el próximo. Hasta llegar al final. Punto. Punto. Punto.

Claro, para ser puntual, no solo sirven las viñetas (bullets). Sirven demasiado los puntos. Si los introduce entre frase y frase, la gente lo leerá como una persona puntual. Que sabe lo que dice. Sin rodeos ni confusiones. Hasta el punto final.

Cuando uno trata de investigar o estudiar acerca de lo que significa «puntual», todo se refiere a la puntualidad; como la virtud de llegar a la hora exacta a una cita o evento.

El *Diccionario de la lengua española de la Real Academia Española* dice:

Puntual (Del lat. *punctum*, punto). 1. Pronto, diligente, exacto en hacer las cosas a su tiempo y sin dilatarlas. 2. Indubitable, cierto. 3. Conforme, conveniente, adecuado. 4. Que llega a un lugar o parte de él a la hora convenida. 5. Perteneciente o relativo al punto. 6. Que se considera como originado o situado en un punto.

El diccionario en línea WordReference.com dice:

Puntual. 1. Que llega a tiempo y hace las cosas a tiempo; es muy puntual, siempre llega antes que el jefe. 2 Exacto, preciso. Informe puntual. 3. Que solo atañe a un determinado punto o aspecto: esto no es más que un dato puntual del que no se puede extraer ninguna conclusión.

Y podríamos ubicar varias definiciones de «puntual», pero no se encuentran datos que lo mencionen desde el lado del estilo o del lenguaje de la comunicación.

El lenguaje puntual en la comunicación no tiene que ver con llegar a tiempo, ni revisar solo un punto determinado, ni ser correcto... Lo que quiere decir, en comunicación hablada un lenguaje «puntual», es el estilo que va de manera directa a los asuntos que va a tratar el hablante.

Asunto tras asunto, sin rodeos. Así es el lenguaje puntual.

4. Lenguaje directo

Cuando una persona es muy directa para hablar a un público o grupo de personas, por lo general es tildado de grosero, antipático o prepotente.

Bueno, aunque en algunos casos eso es verdad, no lo es en todos. Se puede ser directo y amable o cálido. No debemos relacionar el hecho de ser directo en la comunicación hablada, con ser descortés, agresivo u ofensivo.

Por eso todas las personas al hablar, sobre todo en la cultura latina, inician sus mensajes con un montón de frases introductorias que pretenden matizar el tema, para que no suene tan ofensivo entrar de manera brusca.

Entonces sufren con el problema de tener que inventar una serie de estrategias iniciales para «romper el hielo». Por lo general, retardan mucho el impacto del mensaje principal.

Para explicarles un poco más este asunto de «romper el hielo», siempre pregunto a las personas en los diferentes públicos: «En mis talleres siempre digo que el hielo no se rompe... se derrite».

Ser directo implica ir en forma directa a lo que se quiere decir, sin torcer el rumbo del mensaje.

Así se logra llegar en forma rápida al resultado esperado. Pero sí y solo sí, ese lenguaje directo está acompañado de importantes dosis de amabilidad y calidez. Porque la habilidad de ser directo no puede reñir con principios y valores universales como el respeto.

Tenemos que desmontar el paradigma de creer que ser directo es ser demasiado franco, hasta grosero y ofensivo.

Si una persona defiende su sistema intolerante y grosero de hablar con la frase muy común «yo no tengo pelos en la lengua», le contesto: «Pues, por favor, póngaselos».

Porque con esa excusa se refiere a tener la habilidad de decirles a las personas todo lo que se le ocurra, piense o sienta, aunque sea hiriente y genere caos en las relaciones interpersonales.

El lenguaje directo sí es osado, lleno de coraje y valentía, pero no grosero ni maltratador. Eso es más bien entrar en un antivalor que debemos erradicar de la cultura organizacional y de las relaciones interpersonales en el mundo entero: la prepotencia.

Ser directo es ir de una vez a la necesidad del público, a lo que quiere escuchar, a los beneficios... Sin que lo mantengan por horas y horas a la espera de lo que en realidad quiere saber.

En la comunicación hablada, ser directo implica llegar al público oyente con el mensaje central en forma rápida, sin intermediarios, ni bloqueos, ni puntos intermedios. Es abordar el valor agregado en la primera fase de la conversación, no en el medio, ni al final. Son los resultados... ¡de una vez!

5. Lenguaje atractivo

Un lenguaje es atractivo cuando presenta muchos elementos que despiertan el interés y agrado del oyente. Cuando no es un plano, pesado, recargado y monótono ladrillo.

Es en esta virtud del lenguaje atractivo en la que se puede medir con mayor amplitud el alto impacto de un mensaje. Porque si no es atractivo, por más de que sea inteligente, podrá perder todas las posibilidades de ser efectivo. Es necesario incluir toques de gracia en cada palabra, en la actitud y también en la imagen personal.

Si lo que atraemos del público es el interés, es necesario saber cuál es ese interés que buscamos despertar. Porque hacia ese imán central vamos a atraerlo.

No se trata de la «la ley de la atracción», de la cual se ha hablado mucho en los últimos años.

La ley de la atracción afirma que podemos tener en nuestros pensamientos lo que queremos. Si los colocamos muy claro en nuestras mentes. Dice que las personas se convierten en aquello que más piensan, pero también atraen aquello en lo que más piensan.

Eso es algo muy diferente al concepto del lenguaje de la atracción, para la comunicación efectiva. Consiste en atraer a las personas hacia el mensaje, por medio de elementos interesantes, dinámicos, vivenciales, que persuadan de manera irresistible.

Por ejemplo, si usted va a hablar acerca de un programa de transformación en una empresa, sobre liderazgo de influencia, lo mejor es que hable de asuntos que tengan que ver con el «ADN» de la entidad, y no con los términos más técnicos posibles sobre la gestión del cambio.

Por ejemplo, si se trata de una entidad como Siemens, y voy a dar una conferencia al área de Siemens Manufacturing, no hablo de los tecnicismos más difíciles sobre lo que implica ser un líder situacional.

Incluyo elementos atractivos con nombre propio como: «Soy Mejor»..., que enfaticen en la S y la M de Siemens Manufacturing... y dirijo al auditorio hacia ese concepto, como si fuera un hilo conductor en todo el programa y en toda la comunicación. Hasta que se convierta en un lema de vida.

Si voy a hablar a un grupo del área de administración de Baker & McKenzie sobre habilidades de liderazgo, llamo el programa Best Moment! con énfasis en las letras B/M de la empresa. De esa manera consigo no solo un lenguaje atractivo, sino mayores resultados en el proceso.

Muchos elementos de las presentaciones, conferencias, informes, charlas o clases, no son nada atractivos. Como por ejemplo: los cuadros pesados en Excel, con letra en tamaño punto 12, que nadie alcanza a leer desde lejos en el auditorio.

Otro de los elementos poco atractivos son los excesos de cuadros, gráficos, tortas y supertortas pesadas. En algunos casos puntuales son importantes y útiles. Pero la mayoría de las veces son sobrecargadas y excesivas. Por el complejo de «rellenar» que padecen la mayoría de los presentadores. Pretenden convencer de que trabajaron o investigaron mucho, a punta de excesos.

Para ser atractivo con las presentaciones en video, es necesario eliminar elementos que las vuelven insoportables y pesadas.

La ley del minimalismo que dice «Menos es más» opera como un factor determinante para lograr ser atractivo, ya que el minimalismo es una tendencia de la arquitectura caracterizada por la extrema simplicidad de sus formas. Surgió en Nueva York, a finales de los años sesenta.

Es la tendencia que hoy se aplica a todas las líneas de la moda, los diseños de espacios interiores y a las construcciones. Es pasar a las salas limpias, con un sofá, un solo cuadro, el piso liso en madera. Sin recarga de adornos, alfombras, lámparas, cortinas con arandelas, muebles recamados, tapetes estampados...

En las tendencias de la moda todo funciona hoy desde lo simple, sin exageraciones. También en el maquillaje, cada vez es más fresco, simple y sin líneas ni colores pesados.

Pues si esa es la tendencia, debemos aplicarla también a la comunicación, no solo escrita, sino también hablada. Porque solo con menos elementos en el discurso, usted podrá ser más atractivo.

Quiere decir que el significado de «atractivo» en la comunicación está revaluado. Porque antes se hablaba de atractivo cuando algo llamaba demasiado la atención por sus esfuerzos de agradar con muchos elementos, colores, ruidos, adornos y arandelas.

Hoy llama la atención lo más simple. Hasta llegar al punto de no solo ser atractivo, sino de haberse convertido en el valor más atrayente de todos: «el de lo simple».

Como en el Helm Bank, antes Banco de Crédito, con su extraordinario cambio que ha exaltado el valor de los sentidos y ha logrado ser demasiado atractivo a todas las personas en Colombia.

Con sus nuevos tonos y el olor a naranjas al entrar, la música relajante, las botellas de agua fresca a la entrada... es un impacto a los sentidos. Sensacional.

Es un ejemplo perfecto de cómo ser atractivo, a partir de los sentidos. Desde «el valor de lo simple». Sin largas filas, ni procedimientos difíciles, que enloquecen a los clientes. «El valor de lo simple» hizo que todo cambiara en el Grupo Helm. ¡Felicitaciones! Es la mejor forma de ser atractivos.

6. Lenguaje sugestivo

Cuando el lenguaje no sugiere, sino que impone, baja su nivel de conexión en la comunicación hablada.

Me preocupa ver cómo las personas entran a las salas de conferencias a dirigirse a un auditorio, con reglas y leyes impositivas sobre todo lo que tienen que hacer y lo que *no* pueden hacer.

Ni siquiera los saludan, no les dan la bienvenida, sino que de una vez les advierten todo lo que implica participar en ese seminario o conferencia. Enseguida las personas comienzan a sentirse incómodas y hasta aburridas, desde antes de comenzar, por el lenguaje impositivo y policivo de los «anfitriones».

También puedo ver con agrado el efecto de una sonrisa en un auditorio. De la gentileza en el lenguaje de una persona que sugiere lo que se podría hacer y no impone lo que se tiene que hacer.

Eso en lo que se refiere al inicio y al protocolo de saludo de bienvenida. Pero algo mucho peor pasa cuando el orador, encargado de la presentación, incluye en cada frase intermedia términos como: «Quiero que saquen una hoja», o «Usted tiene que saber cómo se consigue» o «Para conseguir aquello, se debe hacer lo otro».

La llamada comunicación propositiva no siempre propone. Pero, sobre todo, propone desde lo positivo. Y entiende el valor de hablar desde lo positivo.

La comunicación sugerida, o sugestiva, les dice a las personas los beneficios de las buenas prácticas en algún área. La impositiva, le recalca los problemas qué puede llegar a obtener si no las ejercita.

Es justo el mensaje de «ver el vaso medio lleno... o medio vacío». Es la persona que habla de todos los riesgos, pero nunca de los beneficios. Y que para explicar la forma como se pueden enfrentar los riesgos, utiliza fórmulas rígidas y de regaño, más que de motivación hacia el cambio y el mejoramiento.

Me gusta como lo comenzaron a plantear los gerentes de la vicepresidencia de auditoría de Bancolombia: «Oportunidades de mejora».

Y no «debilidades que se tienen que corregir». Esa es la gran diferencia. El lenguaje impositivo dice lo que «se tiene» o «se debe» hacer. Y el sugerido dice el valor agregado de lo que se podría hacer, con la ayuda de todos en el equipo». Muy diferente.

El lenguaje que sugiere guarda los niveles de respeto hacia el criterio de las personas. Permite la pluralidad y busca siempre el cambio hacia lo positivo, no lo negativo.

Mi sugerencia: Evite las frases duras, policivas, represivas. Prefiera los mensajes que promuevan el cambio, a partir de lo positivo. Sugiera, no imponga.

Es como decirle a la hija adolescente: «Tienes que organizar tu cuarto». O utilizar el mejor modo sugestivo para decirle: «Si organizas tu habitación, te verás más linda todavía».

Sin lugar a dudas creo que, de los dos, el que va a funcionar, por lo menos con mi hijita, será el lenguaje sugestivo.

Bueno, el impositivo da resultados, pero forzados. Mientras que el sugestivo deja una enseñanza, permite reflexionar e impulsa a plantear nuevas metas en el corazón de las personas.

7. Lenguaje contundente

Ser contundente al hablar implica dejar la evidencia absoluta de que es un mensaje determinado, que produce resultados en la convicción total de quienes le escuchan. No admite discusión.

Se habla, por ejemplo, de «presentar pruebas contundentes en un juicio». Quien es contundente en la expresión oral, muestra un nivel tan alto de convicción que no deja lugar a la discusión. Es el mensaje de indiscutibles resultados.

He escuchado personas así en los escenarios y también en las salas de juntas. Incluso en los espacios comunicacionales informales. Y créame que los resultados son de verdad contundentes. Casi que asombrosos.

Si analizamos cuáles son los factores diferenciales de los que comunican en forma contundente, podríamos mencionar varios elementos básicos.

En la forma: su estilo de seguridad, aplomo, conexión directa con la mirada, presencia de ánimo en la voz, frases sin rodeos ni titubeos.

En el fondo: conceptos claros, definidos. Frases poderosas. Cada una de ellas es una tesis radical, asertiva.

Siempre añade un valor agregado a su mensaje. Y, al concluir, muestra resultados de aprendizaje y transformación en las personas que lo escuchan con especial detenimiento y agrado.

La contundencia es, para mí, el pico más alto en la pirámide de las virtudes de la expresión oral. Si no está implícita en todo lo que decimos y transmitimos, debemos revisar nuestros niveles de asertividad (lenguaje afirmativo) y persuasión (lenguaje convincente).

Quien cuenta con el alto nivel de la comunicación contundente produce efecto en su auditorio, aunque sea una sola persona, en medio de charlas amigables, sencillas; es reconocido por todos no solo como un comunicador efectivo. Porque muchos ya son efectivos, eficientes y eficaces. Aquí el tema es que, quien aplica la contundencia, es un comunicador, un líder, de alto impacto.

Logran el efecto en las personas que en el lenguaje de redes sociales como Facebook o Twitter podría describirse así: ¡Uaoo!

CAPÍTULO 3

¿Por qué «comunicación inteligente»? Paralelo entre información y comunicación

La información

- Rellena
- Indica
- Satura
- Se olvida
- Se cae

La comunicación

- Transmite
- Trasciende
- Transforma
- Deja huella
- ¡Impacta!

Lo que vemos en todos los ámbitos profesionales, académicos, científicos, tecnológicos, jurídicos... de la comunicación hablada es que las personas por lo general no comunican un concepto propio, ni trascienden a través de un mensaje que impacte la vida del auditorio. Que deje huellas imborrables.

En la cotidianeidad de los mensajes lo que se percibe es un marasmo total de la comunicación. Es decir, la apatía, el desgano, la inercia, que termina por convertirse en pura información, pero que no genera una comunicación de alto impacto.

Los términos como inspiración, ingenio o creatividad parece que estuvieran vetados en las comunicaciones del diario acontecer profesional.

Por eso creo que es urgente sensibilizar y concientizar a las personas encargadas de transmitir mensajes en todos los espacios, desde la escuela primaria hasta el doctorado, desde el nivel más básico hasta el más alto de la empresa, para que comiencen a percibir la comunicación hablada como una oportunidad para trascender.

Como una herramienta poderosa para ir más allá de la información y entrar en el nivel de la transformación. Para lograrlo, lo primero que necesitamos es entender que existe una gran diferencia entre informar y comunicar.

El que informa solo se limita a pasar unos datos, un conocimiento, o a mostrar las fases planas de un proceso. Sin más. Se encuentran en este nivel los que son eficientes, hacen bien la tarea, pero no les interesa generar ningún impacto, más allá de lo que tienen que hacer y cumplir. No está mal. Pero podrían ir mucho más allá.

El que comunica va mucho más allá de la información pura. Generar reflexión en el auditorio con su mensaje marca a las personas, de tal manera que todos terminan por decir: «O sea que...» y por lo general asumen una postura ante el mensaje y luego quedan influenciados hacia una necesidad de cambio, transformación, crecimiento o mejoramiento continuo. Quedan marcados.

Para entenderlo un poco más, podemos mirarlo en un paralelo, donde se ven las diferencias claras entre el simple acto de informar y el profundo oficio de comunicar. Ver figura 1.

INFORMACIÓN	COMUNICACIÓN
Rellena	Transmite
Indica	Trasciende
Satura	Transforma
Se olvida	Deja huella
Se cae	¡Impacta!

Figura 1: Paralelo entre información y comunicación

Analicemos cada una de ellas.

LA INFORMACIÓN

Rellena

El síndrome del «relleno» se vive en el día a día de la comunicación empresarial y universitaria. Desde la misma academia nos inculcaron este terrible vicio de atiborrar de información un mensaje para que nos crean.

Por eso las presentaciones suelen ser tan pesadas, porque cuando las personas las preparan, las repletan de información, hasta saturarlas. Piensan que, entre más las abarroten de contenidos e información, más les creerán que «hicieron la tarea».

Indica

Una comunicación hablada que se encuentra en el lado de la simple información, solo se dedica a «indicar» cada uno de los puntos de la charla, sin ningún nivel de reflexión, trascendencia o valor agregado.

No produce ningún nivel de impacto en la sensibilidad o la conciencia del auditorio. Se limita a enumerar cada uno de los aspectos del producto, como si fuera una lección rígida y aprendida de memoria.

Satura

En ese fallido interno por rellenar de información que solo indica los productos, el efecto final es la sobresaturación del público, que termina por sentirse agredido por tanta información.

Se satura el auditorio y la capacidad de recibir datos técnicos. Se excede el tiempo, el ambiente, la capacidad de atención de los oyentes... ¡todo!

Porque el efecto de tanta información es la saturación y, como consecuencia, la pérdida del público.

Se olvida

Por lo general, cuando la persona está sobre informada, al final no le queda nada.

A veces pueden quedar hasta muy descrestados con la capacidad del presentador, o comunicador, ya que informó muchas cosas interesantes y sabía mucho del tema. Dicen «extraordinario» y salen emocionados del salón. Pero si se les pregunta qué recuerdan dicen: «Pues... la verdad... nada».

Se cae

Si del mensaje informado no queda ningún recuerdo, si las personas no se llevan puesto el mensaje para la vida, la verdad es que no pasa de ser una simple información que se cae. Y no pasa nada. Solo eso; se cae.

Quiere decir que si las personas no retienen la comunicación, ni están dispuestas a aplicar lo que recibieron, la información se cayó y las buenas intenciones del informador serán infructuosas.

No pasará de ser más que un informador, que no genera criterio, ni impacta vidas.

LA COMUNICACIÓN

Transmite

Cuando el mensaje es mucho más que pura información y entra en la dimensión de la comunicación, entonces se habla de que esa persona «transmite» algo. Puede ser pasión, calidez, energía, confianza, seguridad... algo mucho más allá del mensaje informativo.

Más allá de los contenidos aprendidos de memoria, desde el saber, el comunicador transmite algo a partir de su ser. Desde la esencia misma de lo que él es.

Transmite un propósito claro. Muestra que sabe para dónde va y permite ver a las personas que su mensaje promueve un nivel mucho más alto de intencionalidad. Construye, edifica, promueve lo mejor.

Trasciende

Una persona que intenta ir mucho más allá de la información y traspasar las barreras de la comunicación tiene clara en su corazón y en su mente la decisión de querer trascender. Siempre va más allá.

La trascendencia de un buen comunicador siempre está dirigida a las personas. No a la productividad ni a la rentabilidad. Porque, a través de su expresión, trasciende en la conciencia y en la sensibilidad de las personas del público. Al final, el impacto se siente en el negocio.

Siento que trasciendo, cada día, por medio de cada una de las personas entrenadas en las empresas y universidades. Estoy segura de que el efecto multiplicador de la comunicación inteligente, la calidez, la alegría, el cambio cultural, la sensibilización de los valores, va mucho más allá de la información.

Transforma

El resultado es la formación y, aun más, la transformación de las personas y las entidades. Permite que los paradigmas se rompan y los principios sean interiorizados de tal manera que el mensaje puede traspasar más allá de las dos, cuatro, ocho horas de información en un lindo y sofisticado salón de entrenamiento y transmisión de información.

Cuando logro que mi mensaje sea mucho más que información y se convierta en una comunicación que trasciende, es probable que me encuentre con una persona que recibió una capacitación o conferencia hasta cinco años después en un ascensor, y me dice con alegría: «Recuerdo lo que usted me habló acerca de...» y menciona una de las claves que menciono en los talleres.

Deja huella

La comunicación deja huella cuando sirve más allá de su rol de trabajo en una empresa o entidad. Eso implica que todo lo que uno hable debe incluir componentes vivenciales, experienciales.

No importa cuál sea el tema o el mensaje que se transmita. Cualquiera que sea el mensaje, puede dejar una impresión en las vidas de la gente, si cuenta con tres componentes clave: 1. Ser práctico (útil). 2. Ser vivencial (aplicable a la vida). 3. Ser sencillo (sin complicaciones).

No dejan huella las frases complicadas. Porque son muy pesadas. Sobrepasan la capacidad de impacto. El rastro se pierde. El entendimiento no logra asimilarlas ni digerirlas. Es por eso que los grandes oradores y pensadores de toda la historia han impactado por dos factores determinantes en su discurso: sencillo, pero profundo. Si se logran esos dos factores juntos, la huella será imborrable. Única. Inolvidable. Más que huella, será una marca en las vidas de los oyentes.

¡Impacta!

Impactar no es hacer un show para que el público quede muy impresionado y agradado. Con gritos, movimientos bruscos, palabras estridentes. Con ropa exagerada en colores, formas y estampados.

Impactar en comunicación no es tampoco sobredimensionar una verdad ni sobrecargar la tarea para que le crean que trabajó mucho. De esa manera usted puede hasta mover las emociones y las fibras de los sentidos en forma pasajera. Pero no impactar.

Con impacto me refiero a impactar los resultados del negocio, cualquiera que este sea. Una comunicación de alto impacto se nota, al final, en el crecimiento, la rentabilidad, el mejoramiento continuo, el desarrollo sostenible.

Ese es el impacto que queremos. Líderes que impacten el país, el continente, el mundo entero, con su comunicación trascendente. No con sus habilidades histriónicas para actuar en el escenario con mucha vehemencia y energía.

No se trata de que sea motivador, sino transformador, que impacte los indicadores de gestión de una compañía. Que si le habla a su familia, logre impactarla con las cosas más sencillas que diga.

Mi padre murió hace quince años, pero mis hermanos y yo todavía mencionamos en las reuniones todas las cosas inteligentes y sensibles que nos decía en la mesa del comedor. Inolvidables son sus conversaciones, sus historias. Esa sí que fue una comunicación de alto impacto.

Aunque no sea un «negocio» empresarial, impactar a la familia con una comunicación trascendente puede alcanzar a todas las siguientes generaciones de nietos y bisnietos. Con principios y valores que dejarán un impacto en la sociedad. Y ese sí que es un resultado de alto impacto.

Hasta un ateo reconoce el impacto de un orador como Jesús. Cada frase que dijo a las multitudes, o a sus discípulos, al trasegar por los caminos polvorientos, logró impactar a tal nivel las vidas de sus oyentes que hasta el día de hoy trascienden sus palabras.

El impacto es tan alto que por eso dice en la Escritura: «El cielo y tierra pasarán, pero tus palabras no pasarán».

CAPÍTULO 4

El alcance deseado:
Hasta dónde llega el impacto

Intención clara

- Objetivos y metas estratégicos
- Mente abierta
- Aprendizaje continuo
- Sueños y visión
- Sobrepase las expectativas
- Cruce la línea...
- Derribe al gigante

El público

INTENCIÓN CLARA

Para que la comunicación logre impactar de la manera como lo vimos en el capítulo anterior, es necesario apuntarle a un alcance cada vez mayor, a través de una intencionalidad clara.

Si voy a dirigirme a un público para hacer una presentación debo, antes que cualquier otra cosa, ubicarme en el alcance que quiero lograr. Para ello debo revisar los siguientes aspectos de mi mensaje:

- Objetivos y metas estratégicos
- Mente abierta
- Aprendizaje continuo
- Sueños y visión
- Sobrepase las expectativas
- Cruce la línea...
- Derribe al gigante

Objetivos y metas estratégicos

Trace los objetivos y metas estratégicos de lo que va a hablar. Si se trata, por ejemplo, de la presentación de un informe, no comience a hablar de cifras, solo por cumplir con la tarea.

Necesita pensar por mínimo diez minutos en cuál es el objetivo que se propone.

Para pensar en objetivos, una clave básica es analizar cuáles serán las acciones más altas que vamos a alcanzar. Si se trata, por ejemplo, de un informe sobre seguros, el alcance tendrá que ver con objetivos escritos en verbos infinitivos como: garantizar, facilitar, tranquilizar, mejorar, asegurar...

De esa manera mi conversación logrará alcanzar unas metas mucho más medibles y tangibles, y llegarán mucho más lejos.

No sería lo mismo si el alcance estuviera soportado por acciones o verbos como: informar, mostrar, presentar, exponer...

Porque ese es el indicador de eficiencia más obvio que podemos obtener. Pero no es el alcance que necesitamos para proyectarnos y botar la pelota mucho más lejos, hasta sacarla del estadio.

Si va a hablar de servicio al cliente, piense en objetivos y metas estratégicos de largo alcance como: satisfacer, mejorar, facilitar, aclarar...

Todo aquello que sea lo más importante para el cliente, porque él es la razón de ser del negocio. O sea que todo lo que se diga para satisfacer sus necesidades reales, debe sobrepasar todas las expectativas.

Mente abierta

Para poder llegar a los objetivos y metas estratégicos también es imprescindible contar con un atributo que los estadounidenses llaman el «open mind». Es decir, la mente abierta.

Quiere decir que para preparar su mensaje debe disponer su capacidad de pensar sin límites. Mente abierta para salir de las cuatro paredes de la entidad, para cambiar las malas conductas y las pésimas prácticas que se repiten.

Mente abierta ante la vida, las personas, la transformación y la innovación. Si no cuenta con esta virtud, el alcance será muy miope y no alcanzará a ver sino un metro más allá de su mesa de trabajo.

También se refiere esta habilidad a la capacidad de aceptar el cambio como factor de éxito. Y este es uno de los asuntos más complicados de asumir.

Dado que el cambio genera estrés, angustia, preocupación, temores... el líder de mente abierta debe transmitir a su equipo un mensaje de reposo y confianza que lo lleve a concluir, con una mente abierta empoderada por usted, que el cambio es un factor de éxito y una oportunidad de mejoramiento.

La mente abierta permite romper los paradigmas y lleva a las personas a hacerlo por medio de todo lo que comunica, tanto en los comités y escenarios formales, como en los espacios informales.

También consigue entrar de manera más fácil y fluida a las nuevas propuestas de innovación. No está dispuesta a conformarse con lo que ya pasó, sino que siempre está en constante renovación del entendimiento.

Por supuesto que la mente abierta, para la comunicación efectiva, debe ir de la mano de unos principios y valores muy sólidos, que le pongan límites claros de moralidad, integridad y transparencia a todos los asuntos que transmite a sus oyentes con sus mensajes.

Aprendizaje continuo

Uno de los indicadores importantes de la mente abierta es la actitud de aprendizaje continuo que el comunicador demuestra todo el tiempo de su charla.

Aun más si se trata de un consultor o capacitador, que debe inculcar el aprendizaje continuo como parte del éxito de los oyentes.

La única manera de transmitir una comunicación persuasiva, es por medio de adecuados procesos de aprendizaje que muestren profundidad y generen crecimiento en las personas.

A nivel de empresas existe el llamado aprendizaje organizacional, en el cual contamos con grandes «gurús» y autores famosos como Peter Senge.

La comunicación basada en aprendizaje continuo, lleva a una familia, una sociedad, una empresa o un gobierno, al éxito en lo que emprende y a la rentabilidad de sus procesos. Por eso es necesario que los responsables mantengan una actitud de aprendices permanentes, ya que pueden enseñar a otros a aprender.

Sueños y visión

Todo el conocimiento, la información y la técnica que se transmita al auditorio no tiene ningún sentido si la persona que comunica no lleva implícitos un sueño y una visión que generen pasión en su interior y se vuelvan como olas de ánimo, proyección, futuro y muchas ganas de seguir adelante con el tema.

Sin visión, la gente pierde el rumbo. Y sin sueños, pierde el sentido de vivir, de trabajar, de proseguir. Por eso es no solo importante, sino vital que, al comunicar algo, usted lleve puesto un sueño.

El refrán dice que «soñar no cuesta nada». Pero yo creo que sí cuesta. Cuesta todo. Esa vitalidad del mensaje, el entusiasmo que se le imprima, depende de la capacidad de transferir un sueño que late en su interior y se refleja en cada frase que dice, en cada paso que da, en la vibración de la voz, en el denuedo que se le notará al hablar.

Un comunicador que no influye al auditorio a partir de su visión y sus sueños no es comunicador, sino simple informador. Ahí está la diferencia.

Ahí está la clave. Sueños y visión para transformar el mundo entero, a partir de la comunicación vital.

Puede que usted tenga un gran sueño pero, si no lo pasa al auditorio, entonces no podrá transmitir el verdadero sentido de su mensaje. Porque un conferencista, orador, capacitador... que traspasa un sueño a sus oyentes, estará pasando mucho más que un conocimiento, un propósito verdadero, vital, lleno de energía y pasión.

Mi sueño, mi visión, por ejemplo, es «establecer una cultura de transformación en las personas, las entidades, la sociedad, el país, la región, a partir de la comunicación inteligente». Por ese sueño me levanto cada día dispuesta a empoderar a las personas y cambiar sus vidas, a partir de un cambio en su forma de comunicarse. De la información, a la comunicación asertiva.

Y ya son miles de personas influenciadas por este sueño, esta visión. Las más importantes empresas del sector financiero, del gobierno, del sector real... universitarios, amigos, mi familia, mis vecinos... todos tienen que ser impactados por este sueño.

La pasión que le imprimo a esa visión, a ese sueño, se nota en cada frase que digo. Y parte de este sueño, implica que usted también sea sensibilizado en cuanto al poder de la comunicación como agente de cambio y transformación.

Concuerdo con el experto en cambio de paradigmas, Joel Barker cuando dice: «Una visión sin acción no pasa de un sueño. Acción sin visión solo es un pasatiempo. Pero una visión con acción puede cambiar al mundo».[1]

Por eso mi propuesta, después de transmitir el sueño por medio de su mensaje hablado, comience a impactar con la visión, y luego llévelos a la acción. Su comunicación debe llevar a una visión clara, específica y contundente. Proyectada a uno, dos, cinco, diez años, veinticinco años...

La gente que lo escuche debe salir del auditorio con una reflexión. Debe irse con preguntas sobre su futuro como: ¿Qué estoy haciendo conmigo, con mi familia, con mi carrera, con toda mi existencia, para ser feliz?

Su objetivo cuando hable debe ser despertar en quien lo oiga la maravilla de la reflexión sobre cómo está su vida y cómo se la imagina en unos años. Eso es despertar la visión.

Los afanes del día a día por lo general tienden a ahogar a las personas. Las envuelve en una densa cortina de humo, dentro de la pesadez agobiante de la rutina. Terminan sin saber a ciencia cierta cuál es el rumbo de sus metas. Por eso cuando usted les hable, siempre lleve delante dos conceptos fundamentales que le ayudarán a sacarlos de esa agonía cotidiana: sueños y visión. Esa será su mejor estrategia para mantenerlos motivados, hasta el final.

Luego usted les hablará de la persistencia, la innovación, los valores, la productividad, el emprendimiento... lo que quiera. Si ya tienen empoderada la visión, de ahí en adelante todo alcanzará una fluidez en el amiente que le sorprenderá de manera muy grata.

Mi hijo Daniel, director de producción y músico muy talentoso, compuso una canción para la niñez y las poblaciones vulnerables en Colombia y Latinoamérica. Fue lanzada en Miami, con gran éxito, como un proyecto especial donado por él para la organización Visión Mundial. Hoy es el tema central de nuestra Fundación Cielo Nuevo.

Un tema de verdad hermoso, con mucha calidad en la producción, alto nivel de sensibilidad y un exquisito sabor latino. Se llama *Sueños y visión*.

Bueno, creo que esa maravillosa influencia de la pasión por los sueños y la visión en la vida, ha dado a luz en mi propio hijo. Para las próximas generaciones. No solo en mi familia, sino en las vidas de millones de niños y niñas en mi amado país Colombia y de mi región latina.

> *Niños y niñas y almas que añoran despertar,*
> *Bajo un cielo nuevo, con sueños y visión,*
> *Una oportunidad, demos en unidad,*
> *Al pueblo latino, un futuro más lindo.*

Para desarrollar la visión, las metas son el motor. La persistencia es el combustible. Su comunicación hablada debe llevar a la gente a vibrar de manera intensa con su futuro. Esa será su meta más alta. Porque ese es uno de los objetivos de oro del liderazgo de influencia. Un buen líder sabe muy bien cómo capitalizar el interés por los sueños y la visión. ¡Para toda la vida!

Tal vez en los espacios donde usted se desempeña, hablar de sueños no parezca muy práctico ni productivo. Entonces usted podría referirse a las metas estratégicas.

Para mí no es lo mismo sueños que metas pero, en el lenguaje profesional, es lo más cercano. La otra idea afín es la de los propósitos. Lo importante es que sepa cómo adecuar cada concepto en su justo lugar, de acuerdo al contexto, al trasfondo y a las necesidades del público.

Claro que en los últimos años, los grandes hombres del liderazgo, como John Maxwell, han publicado obras que marcan la vida de los ejecutivos, como *Atrévete a soñar*.

Quiero recordar aquí algunas de las frases más célebres acerca de los sueños, que toda mi vida le escuché mencionar a mi padre, siempre fascinado con la literatura y la filosofía:

> ¿Qué es la vida? Un frenesí. ¿Qué es la vida? Una ilusión, una sombra, una ficción. Y el mayor bien es más pequeño. Que toda la vida es sueño y los sueños, sueños son.
>
> —Pedro Calderón de la Barca

> Si es bueno vivir, todavía es mejor soñar, y lo mejor de todo, despertar.
>
> —John Maxwell

> Un hombre que no se alimenta de sus sueños envejece pronto.
>
> —Thomas Jefferson

> Somos del mismo material del que se tejen los sueños, nuestra pequeña vida está rodeada de sueños.
>
> —William Shakespeare

> Realmente soy un soñador práctico; mis sueños no son bagatelas en el aire. Lo que yo quiero es convertir mis sueños en realidad.
>
> —Mahatma Gandhi

> Me gustan más los sueños del futuro que la historia del pasado.
>
> —Thomas Jefferson

Siempre sueña y apunta más alto de lo que sabes que puedes lograr.

—William Faulkner

Los que sueñan de día son conscientes de muchas cosas que escapan a los que sueñan solo de noche.

—Edgar Allan Poe

Los más grandes comunicadores, oradores, escritores, pensadores, poetas, novelistas de la historia de la humanidad, han hablado con especial énfasis de los sueños. Y han dejado claro con sus célebres frases que la vida misma está hecha de sueños. Pero que la realización de estos es la que lleva a un hombre al éxito.

Para trascender como ellos, es necesario comunicar con la mirada puesta en la visión, pero el corazón y el alma puestos en los sueños. De lo contrario, su comunicación será una simple información, sin trascendencia y a punto de fallecer.

Sobrepase las expectativas

Siempre pregunto, antes de iniciar una conferencia o taller, cuáles son las expectativas de los participantes. Por lo general me hablan de su necesidad de ser más claros, concretos, precisos y mejorar su comunicación o sus presentaciones, para que sean más efectivas y de alto impacto.

Al final, las evaluaciones muestran, con calificaciones de «excelente» y «óptimo», que no solo cumplimos con las expectativas, sino que las sobrepasamos.

Pero mucho más allá del grandioso resultado, que se replica en cada gerencia, y de una entidad a otra, a partir del «voz a voz», llegamos mucho más allá de la meta de desarrollo de habilidades y competencias en comunicación, liderazgo o valores.

Porque mi meta no es enseñar a escribir, hablar o escuchar bien. Tengo una visión: «Establecer la cultura de la comunicación inteligente» en mi país y el exterior. Es mucho más que información. Es un sueño que me impulsa a empoderar a miles de personas y a ayudarlos para construir sus propios sueños. Eso es sobrepasar las expectativas vez tras vez. ¡Gracias a Dios!

Cruce la línea...

Cierta vez en una capacitación para la empresa Audilimited —la entidad encargada de la auditoría del Grupo Corona, una de las empresas más sólidas en Colombia—, una de las jefes me hizo una pregunta interesante, después de haber enseñado que debían ser auditores de valor agregado, con criterio, y no simples verificadores. La pregunta era: «¿Hasta qué punto somos auditores, o nos pasamos la raya?»

Se refería al paradigma que existía —y aún existe— de que los auditores solo se podían limitar a verificar, verificar y verificar, pero no podían dar valor agregado con sus sugerencias o con su lista de oportunidades de mejoramiento continuo.

Hoy, después de varios años de estar en esta tarea de empoderar a muchas vicepresidencias de auditoría para que desarrollen unas presentaciones de sus informes que logren un alto impacto en las empresas, puedo responder con entera seguridad: «¡Pásese de la raya!»

De lo contrario, nunca conocerá su capacidad para generar valor agregado. Esto es mucho más que hacer bien la tarea. Es impactar con una comunicación inteligente.

Derribe al gigante

Para lograr todas las anteriores posibilidades de la comunicación, es necesario primero vencer los paradigmas. No puede lograr ese alto impacto que tanto hemos mencionado, si antes no derriba al gigante de los paradigmas.

Por ejemplo, no podrá mostrar visión ni sueños, si no derriba antes al gigante que le hace creer que la única cosa que puede hacer es informar sobre la tarea que hizo y no se puede pasar de allí.

Déjeme decirle algo: lo que su jefe y su empresa esperan de usted, con desesperación, es que logre ser mucho más innovador y emprendedor. Que muestre todo su potencial por medio de una comunicación impregnada de coraje.

Recuerde, lo único que distingue a un profesional de una universidad importante, de otro profesional egresado de la misma facultad, de la misma carrera, en el mismo año... es su potencial. Es decir, su actitud ante la vida y las presiones.

Si para por un momento la monotonía de sus presentaciones, charlas o conversaciones interpersonales, y piensa en esa verdad que conoce la gente acerca del potencial, seguro que logrará ser parte de ellos.

Derribe al Goliat de la información que se burla de usted cada día y le dice al oído: «No eres más que un enano, cobarde, incapaz... te voy a hacer pedazos... ni te atrevas a dar un paso más adelante».

La verdad es que si usted quiere crecer en su comunicación hablada, tiene que hacer lo mismo que el rey David, cuando apenas era un mocoso, con cinco piedritas y una honda. David derribó al gigante que se burlaba de él y su pueblo, con una sola pedrada certera en su frente: rompió los paradigmas del temor, la inseguridad, el pánico escénico de la comunicación.

Cuando lo logró, fue levantado en alto por todo el pueblo, que celebró con él la victoria sobre el gigante. Por favor, tome su piedrita de la comunicación inteligente, láncela justo a la mitad de la frente de los paradigmas organizacionales o sociales y... ¡láncela! Pronto verá al gigante en el piso. Le podrá poner el pie en el cuello y decirle: «Ya déjame en paz».

Porque para ser un comunicador y no un simple informador, hay que traspasar los límites, las barreras y el autoengaño.

Derribe al gigante que le impide desenvolverse en la comunicación hablada... Aunque muchas veces, el gigante más descomunal, pueda ser su propio miedo al cambio.

EL PÚBLICO

Nada define más el alcance y el cumplimiento de los objetivos de una presentación o conferencia que el perfil del público. Por eso es definitivo que todo el enfoque de su charla se enfoque en forma especial en sus necesidades, trasfondo, gustos, proyectos...

No es lo mismo dar un taller de liderazgo a un grupo de jóvenes egresados de ingeniería en la Universidad de La Sabana en Bogotá, que a los ingenieros que llevan treinta años en Bancolombia en una de las principales vicepresidencias, que están a punto de jubilarse.

Aunque el taller sea el mismo, todo cambia. Porque lo debo direccionar en forma distinta, de acuerdo al estilo y los intereses del público. Porque los sueños y el palpitar de los jóvenes recién egresados, apenas comienzan. Mientras que los de los funcionarios próximos a jubilarse son culminar su carrera de la mejor forma posible.

Entender las necesidades y sentimientos particulares de cada auditorio se debe convertir en un «músculo» clave de un orador o capacitador.

También de una mamá que se dirige a su hija adolescente, o al hijo mayor que ya trabaja y tiene otros problemas, emociones y necesidades.

Interpretar los sentimientos y pensamientos del público, sea cual sea, es entonces una habilidad determinante del éxito del buen comunicador. Por eso debe desarrollar una especie de «radar», para escuchar y sensibilizar hasta la más mínima señal del grupo o la persona con la que se comunica.

Todo cambia de un público al otro. Aunque la información sea exacta. No es lo mismo, por ejemplo, dar un taller de expresión escrita a un grupo de funcionarios de la misma empresa en la ciudad de Bogotá, que en Cartagena o Medellín. La diferencia es impresionante.

Puesto que, según la cultura de cada población, los participantes se comportan y vivencian el proceso.

Los ejecutivos en Bogotá, por ejemplo, son más cerrados, fríos, distantes, se preocupan por el formalismo... Los de Cartagena, son descomplicados, vivaces, extrovertidos y se enfocan en la alegría... Los de Medellín son prácticos, emprendedores, sencillos y le apuntan al objetivo.

Bueno, aunque no es así tan sencillo. Cada cultura presenta muchos matices, fortalezas, debilidades, costumbres... y eso solo si mencionamos las diferencias de un público a otro por causa de los regionalismos y las edades.

Pero imagínese la diferencia que existe entre la misma área de mercadeo en un banco y otro. Solo por el tema de cultura organizacional.

Piense en la diferencia entre hablarle a un hijo o a otro, según su temperamento o personalidad.

Si se trata de uno muy extrovertido y determinado y el otro muy introvertido y analítico, usted pensará que no entiende cómo comunicarse con ninguno de los dos, porque cada uno presenta exigencias, perspectivas, necesidades... Todo es distinto. Aunque sean hijos mellizos o gemelos, del mismo vientre. Es impresionante.

Por eso es clave determinar los perfiles de sus públicos. Sean los gerentes de su empresa, los alumnos o compañeros de la universidad, los colegas de la oficina, su pareja o los hijos.

Desde la niñez —etapa cero— hasta el día en que salen de la casa. Bueno, e incluso mucho más allá, cuando ya tienen un hogar y usted debe comunicarse con el nuevo escenario de su hijo, con la nuera, los nietos...

Todo está definido por el público. Por eso la habilidad de manejarlo será lo que determine el final feliz, o desastroso, de la comunicación.

Ha escuchado con tanta frecuencia, como yo mencionar entre parejas —al referirse al tema de la comunicación entre ellos— la frase: «No nos entendimos»... y por eso se separan y divorcian.

Esa falta de «entendimiento» radica justo en la debilidad de no saber interpretar sus necesidades, faltantes, experiencias, gustos, mensajes verbales y no verbales... todo eso es comunicación. Desde que se levantan hasta que se duermen de nuevo. Por lo tanto, ese público llamado pareja es uno de los más importantes y prioritarios de su vida.

Los extremos en los que se pueden definir los perfiles de los públicos serán definidos como: formal, informal, difícil, fácil, abierto, cerrado, complicado, sencillo, pesado, liviano, interesante, aburrido, atento, insoportable, prepotente, intimidante, muy técnico, bastante *light* [ligero] genial, inteligente, amigable, detestable, despierto, interesado...

En fin, las posibilidades de definición de un público se mueven en una gama demasiado amplia de alternativas. Incluso puede pasar que en un mismo público usted encuentre mezclas de dos o tres tipos de grupos.

En el caso que trato con el Helm University del Helm Bank en Colombia, llevo ya doce promociones de nuevos gerentes entrenados en las competencias y habilidades comunicacionales.

Es asombroso, pero cada grupo es muy diferente al anterior. Claro, debo reconocer que la selección del banco es excelente y pareciera como si cada grupo fuera mejor aun que el anterior. Son excelentes.

¡Pero muy diferentes! Debo interpretar y medir el ADN de cada público en el Helm University. Mientras un grupo es tranquilo, cerebral y analítico, el otro es inquieto, vivaz, explosivo... mientras que el siguiente es más directo al objetivo, práctico, rígido y exigente.

De verdad, de los doce, ninguno ha sido igual al otro.

Aunque el proceso que yo les doy es el mismo, la forma como lo interiorizan no tiene nada que ver entre sí.

Si cada público tiene un ADN propio, su habilidad consistirá entonces en contar con la sensibilidad suficiente para identificar su diferencial y apuntar directo a sus necesidades particulares.

Una fórmula clave para desarrollar esa sensibilidad es mantener el interés por ese público, como lo más importante de su comunicación hablada.

Siempre inicio una conferencia o taller con grupos de veinte a treinta personas, con una larga sesión de saludos y expectativas de sí mismos.

Uno por uno, deben decir en treinta segundos, su nombre, apellido, profesión y, lo más importante, la expectativa que tienen del proceso. Y claro, una expectativa fundamentada en las debilidades, necesidades, falencias, que tienen en la comunicación hablada.

De esa manera, al final de la jornada, cuando todos terminen de presentarse, no solo nos habremos conocido mejor, sino que tendremos un diagnóstico de necesidades de cada uno, y también habremos medido en una sola «escaneada» las debilidades y fortalezas de cada uno como comunicador.

Pero lo más importante es que en ese momento ya tengo mi radar bien puesto para identificar y medir la esencia del grupo, su propio perfil como público. Eso es algo que está en el ambiente, en la mirada de cada uno, en el aire, en el tono de las voces, en la sinergia que se logra dar a partir de todo lo que dicen...

No debe perder de vista a su público ni un minuto de la charla. Toda su energía y su esfuerzo estarán enfocados en él. No le dé la espalda, ni se concentre tanto en su discurso que se le olvide el auditorio.

Si quiere lograr niveles mayores, permita que su público se sienta agradado. Feliz. Que se sienta muy importante, tenido en cuenta.

Porque como dice Alberto Levy, director regional de Deloitte para Latinoamérica, un argentino experto en innovación y crecimiento al cual le escuché algo increíble: «Cada persona —cliente— tiene colgado un letrero que dice "Hacéme sentir importante"». Bueno, en español colombiano se diría: «Hazme sentir importante».

Pero sea en Argentina, México, Brasil, Perú, Ecuador, Chile o Colombia, todas las personas cargan ese letrero que dice: «Hazme sentir importante».

He visto pocos comunicadores como Levy hacer sentir tan bien, tan a gusto y tan importante a las personas. Es uno de los mejores conferencistas que he escuchado en mi vida. Y su mayor virtud es enfocarse por completo en el público. Eso es sabiduría pura, de un hombre de Harvard, del más alto nivel.

No solo es hacer sentir al público importante, sino muy a gusto. El buen comunicador, con el carisma de Levy, lleva al auditorio a reír... y a llorar. A vivir el mensaje. Y a sentir que una profunda huella ha impactado su vida. Desde el ser, no desde el hacer.

En resumen, la comunicación inteligente produce reflexión, induce al «o sea que...». Pero también decimos que lleva a la revelación. Produce miradas asombradas, permite desaprender, romper paradigmas. Hasta que se le vuelva un estilo de vida.

CAPÍTULO 5

El contenido y el tema: Cómo ordenar las ideas para una presentación

La preparación previa al mensaje
Claves para estructurar sus mensajes orales y fluir sin problemas en
la expresión oral
- Clave 1: Haga un mapa de ideas
- Clave 2: Enfóquese
- Clave 3: Priorice
- Clave 4: Redireccione

Cuando alguien tiene una presentación de su mensaje para la próxima semana, sufre un estrés muy alto antes de comenzar. Piensa durante muchas horas, a veces con ansiedad, todo lo que puede suceder cuando tenga que enfrentar esa realidad de su exposición al público.

Por eso la preparación previa al mensaje es de suma importancia. Aquí le daré unas claves útiles y sencillas para estructurar sus mensajes y fluir sin problemas en la expresión oral.

CLAVE 1: HAGA UN MAPA DE IDEAS

Antes que nada, por favor, asegúrese de no hablar en ningún escenario sin tener claro primero un mapa de ideas. Lleve una guía mínima, sencilla y clara, en su bolsillo, o en la cartera, o en un papel, para colocarlo en una esquina de la mesa.

Me impresiona ver cómo tantas personas salen al centro de sus exposiciones con la cabeza en blanco, bloqueados, sin tener ni idea de lo que van a decir.

Por eso emiten más de cinco muletillas por frase. Eeeeeeeee... eso es lo que más se les escucha decir, porque el pánico no los deja decir nada más. Por eso necesitan con urgencia ese mapa de ideas que les ayudará en medio de semejante angustia.

Si se encuentra, por ejemplo, en una mesa de negocios, o en una junta directiva, en la que cada persona participante debe decir sus conceptos acerca de algún tema, antes de hablar, escriba el mapa de las ideas que va a decir.

De esa manera, cuando le toque su turno, aunque esté temblando de pánico, usted se verá seguro y claro, porque lleva las ideas en perfecta ilación.

El que no sabe para dónde va, cualquier transmilenio [bus colombiano] le sirve. Por eso es necesario que usted sepa cuál es la ruta, para que no se desvíe del propósito del mensaje y comience a confundirse y a confundir a quienes lo oyen.

La clave número 1 es: Ubíquese. Tenga claro para dónde va. No inicie ninguna comunicación hablada si antes no ha ordenado sus ideas, de manera práctica y contundente.

CLAVE 2: ENFÓQUESE

La segunda cosa que usted necesita realizar es un enfoque muy claro del concepto central que quiere transmitir.

Por eso es necesario que, antes de comenzar a hablar, usted haya realizado un ejercicio previo, por medio del cual se enfoca en el punto central del mensaje, no anda por los contornos. De esta forma su mensaje será nítido y claro.

Enfocarse permite que el mensaje sea asertivo. Porque una persona que sabe cuál es el propósito central de su mensaje, conoce el valor del enfoque en las prioridades.

Por ejemplo, el verdadero enfoque, en medio de la presentación del informe de resultados, no es cuánto se esforzó usted, ni cuáles son los productos del banco. Ni siquiera es el beneficio de esos productos en lo que nos debemos concentrar.

Por eso el enfoque debe ser: la satisfacción del cliente. No la calidad de la entidad, ni su visión ni su misión.

Si el enfoque es el cliente, entonces toda su charla debe lograr un eje central en todas sus necesidades, gustos, intereses... No se enfoque en las cosas que usted quiere que sepan acerca de su servicio. Enfóquese en todo lo que el cliente quiere y espera de usted y de su producto.

CLAVE 3: PRIORICE

La clave del 1, 2, 3 y la «ñapa», que mencionamos en el primer libro sobre comunicación escrita, funciona a la perfección para la comunicación hablada. Y hasta más.

En un noticiero en Colombia, dirigido por Yamid Amad, un genio del periodismo y la comunicación, uno de los espacios más queridos por la gente es el de una sección llamada «1, 2, 3 y la ñapa». Donde una hermosa presentadora dice en forma puntual cuáles son los avances del mundo político en el país.

Yo diría que, aunque no todas las presentaciones gerenciales pueden llevar este ritmo, puede ser utilizado en millones de espacios.

CLAVE 4: REDIRECCIONE

Para lograr un ordenamiento de ideas contundente, asertivo y persuasivo es necesario cambiar el viejo formato de la comunicación en espiral. Usted necesita redireccionar su discurso. Y hasta la más sencilla conversación cotidiana.

Comenzamos a hablar de un tema, le damos vueltas y vueltas, giramos alrededor de él, desde la historia más primitiva, pasando por las cifras, los cuadros, las gráficas pesadas, los hipervínculos, los discursos largos y densos...

Hablamos de todo. La visión, la misión, los valores, los objetivos, los mapas donde funcionamos, la lista larga de productos y beneficios... hasta llegar a una conclusión en la que decimos: «Por todo lo anterior...»

Es entonces cuando, después de una hora de una larga y pesada presentación, ¡por fin! decimos lo que de verdad hemos debido decir desde la primera frase. Directo.

Por eso la clave de la «Pirámide invertida» funciona de manera perfecta también para la comunicación hablada efectiva.

De lo principal a lo secundario. Pero debe saber que lo principal siempre es la necesidad de su auditorio. Luego los beneficios. Y después el valor agregado. Para dejar por último el producto.

Y si quieren más información, les envía los adjuntos: 1, 2, 3, 4, 5. Todos los que quieran. ¿Un secreto?...casi nunca los van a leer. Pero usted los envía para demostrar que hizo bien la tarea.

CAPÍTULO 6

Cómo desarrollar sus habilidades y destrezas en la comunicación hablada

1. Carácter y autoridad
2. Presencia de ánimo y resolución
3. Denuedo y seguridad
4. Agilidad y habilidad
5. Autenticidad y transparencia

Las habilidades de la comunicación hablada en una persona son las que le abren o cierran puertas en su porvenir.

Así como para escribir se requieren unas destrezas fundamentales para llegar con un mensaje efectivo al lector, en la expresión oral es necesario desarrollar una capacidades básicas, para que su mensaje hablado sea no solo efectivo, sino también de alto impacto.

Son muchas, pero quise resumirlas aquí en cinco puntos clave.

Estas habilidades no son técnicas, sino personales. Se relacionan con la capacidad particular de cada persona para transmitir sus ideas. Es el temple interior de un conferencista. Es el sello personal y único que usted le da a cualquier presentación o charla informal.

1. Carácter y autoridad

El carácter en la comunicación hablada es el sello personal que cada quien le imprime a su mensaje.

La definición de carácter, según el *Diccionario de la lengua española de la Real Academia Española*, incluye varios conceptos, que son relevantes para nuestro estudio del mismo como habilidad de la expresión oral:

> **Carácter (del latín** *character*): 1. Señal o marca que se imprime, pinta o esculpe en algo. 2. Signo de escritura o de imprenta. 3. Estilo o forma de los signos de la escritura o de los tipos de la imprenta. *Carácter redondo. Caracteres elzevirianos.* 4. Marca o hierro con que los animales de un rebaño se distinguen de los de otro. 5. Conjunto de cualidades o circunstancias propias de una cosa, de una persona o de una colectividad, que las distingue, por su modo de ser u obrar, de las demás. *El carácter español. El carácter insufrible de Fulano.* 6. Condición dada a alguien o a algo por la dignidad que sustenta o la función que desempeña. *El carácter de juez, de padre. Medidas de carácter transitorio.* 7. Fuerza y elevación de ánimo natural de alguien, firmeza, energía. *Un hombre de carácter.* 8. Modo de decir, o estilo.

Muchos escritores, literatos, pensadores, políticos y filósofos ilustres de la historia, le han dedicado páginas enteras al tema del carácter humano, ya que se considera interesante. Y porque no es un concepto tan fácil de describir ni descifrar.

Entre esas frases célebres sobre el carácter, solo por mencionar algunas, están por ejemplo:

«Nada revela tanto el carácter de una persona como su voz», dijo Benjamin Disraeli. Seguro se refería a la importancia del carácter como parte de la capacidad y habilidad de comunicación hablada.

«Un hombre de carácter podrá ser derrotado, pero jamás destruido», dijo Hemingway.

«El carácter de cada hombre es el árbitro de su fortuna», anotó Publio Siro.

Desde los tiempos de Roma, cuando la moneda del imperio tenía que llevar la cara del César impresa en ambos lados, se habló del «carácter». También cuando firmaban con el sello de su anillo real que llevaba impresa su cara.

Cuando Jesús estuvo en la tierra, el denario era la moneda con la que se pagaban los tributos al César. Allí estaba grabada la cara del emperador Tiberio. Jesús le dijo a Pedro que pagara los impuestos: «Da al César lo que es del César y a Dios lo que es de Dios».

Es por eso que en tipografía se habla de «caracteres» para referirse al número de letras y espacios con que cuenta un texto impreso. Cada letra es un carácter.

Hoy, en la comunicación escrita por medio de las redes sociales como Twitter, nadie puede escribir más de 140 caracteres para ningún mensaje, porque el espacio no lo acepta.

También a uno como escritor, el editor le pide que entregue un texto con 1,500 «caracteres» o palabras. De esa manera puede tener una guía de cuál es la extensión y qué tanto debe escribir.

En la conducta humana, el carácter es el sello personal que se le imprime o graba a cada espacio de la vida en el que se ve reflejada su personalidad y estilo particular.

En la expresión oral, el carácter no se imprime con tinta, pero se estampa en el ambiente, con el sello propio de quien habla.

Mucho más allá de si se sabe de memoria su tema. De si la presentación está llena de diapositivas que demuestran todo lo que logró trabajar con eficiencia. De si prepara todo un discurso con palabras muy elocuentes. Lo que cuenta es el carácter con que lo presente.

Es muy importante entender que una persona con carácter no es aquella que habla con un tono áspero, rígido, autocrático, controlador y malhumorado, como se cree casi toda la gente.

Imprimir carácter en la comunicación es, por el contrario, contar con suficiente automoderación y dominio de sí mismo para no salirse de casillas, ser pacífico, amable y equilibrado.

Tener carácter no es ser reactivo en la comunicación que se defiende con vehemencia y que genera discordias en el ambiente, porque cree que tiene «mucho carácter».

Por el contrario, cuando se trata de escenarios en público y comunicación hablada, una persona con carácter es aquella que puede lograr un dominio de grupo establecido sobre la sabiduría apacible y mansa y no sobre la gritería, las peleas y el ánimo contencioso irrefrenable.

Quiero decir que un presentador con carácter puede dar un sello tranquilo, aplomado, sereno a su conferencia. Mientras que otro, sin carácter, puede ser agresivo, prepotente, autocrático y altivo.

Esto indica que en comunicación, como en todo en esta vida, el carácter habla de quiénes somos ante el público, por nuestras acciones y reacciones.

Al romper el paradigma que nos induce a pensar en forma equivocada —que tener carácter es ser de mal genio o verse muy bravo—, entonces podremos conciliar el carácter del comunicador con los valores universales de respeto, diplomacia, paciencia y humildad. De lo contrario será imposible.

Y le repito, si usted es de los que se ufana al decir: «Es que yo no tengo pelos en la lengua», para demostrar que tiene carácter, pues le debo decir: «Por favor, póngaselos, antes de que sea demasiado tarde».

El carácter del comunicador se compone, entonces, de todos aquellos rasgos de la persona que salen a relucir en el momento de su presentación ante un auditorio, o en una conversación informal entre amigos o con su pareja.

Por eso es allí donde más se pueden analizar sus debilidades y fortalezas. Tal vez se trate de timidez, falta de ánimo, temor exagerado al escenario... O por el contrario, exposición exagerada, voz demasiado fuerte, ánimo exaltado...

Piense por un momento cuáles son los rasgos que determinan su carácter cuando se comunica en forma verbal y no verbal. Escriba, si quiere, una lista de debilidades y fortalezas.

Entonces podrá comenzar a templar su carácter y a convertirse en un comunicador con inteligencia emocional que sabe refrenar sus impulsos en forma adecuada para comunicarse de manera efectiva.

Sea muy honesto y transparente en el ejercicio. Autocalifíquese. Y empiece a enfrentar sus debilidades y a dejar brillar sus fortalezas, sin timideces ni falsa modestia.

¡Con ánimo resuelto!... Así dejará grabada la huella de su carácter en el corazón de sus oyentes. Para siempre.

2. Presencia de ánimo y resolución

Siempre recordaré la mañana aquella de los años ochenta cuando mi papá me acompañó a presentar el examen para entrar a la Universidad Javeriana, a la Facultad de Comunicación Social.

El maestro que me iba a entrevistar era muy serio y respetado por todos los estudiantes. Tenía unas grandes cejas que levantaba con mucha distinción, pero que a mí me producían un susto terrible. Era nada más y nada menos que el profesor Gabriel Cabrera.

Yo tenía apenas quince años, estaba próxima a cumplir los dieciséis. De manera que estaba aún muy inmadura para enfrentar semejante situación tan estresante y difícil. Sentía que el corazón se me salía por la boca, tenía las manos heladas y al mismo tiempo me sudaban. Pensé devolverme para la casa. Y desistir. Con cualquier excusa quedaría bien.

Pero de pronto, apareció mi papá en el pasillo... él también era profesor de periodismo, desde hacía treinta años en la universidad. Era uno de los más admirados y queridos académicos de esa institución, que a la vez es una de las más prestigiosas del país.

Bueno, pues yo estaba al borde de un desmayo, producto del pánico de tener que enfrentar la entrevista, pero también de hacer quedar muy mal a mi padre, y que todos le dijeran al día siguiente cosas como: «Lo sentimos, usted es un honorable profesor, pero su hija no pudo con la entrevista...»

Bueno, en esa angustia existencial me encontraba, producto de la inseguridad en mi carácter, cuando de repente apareció mi padre en la sala de la facultad y me dijo al oído, muy serio y tranquilo, cinco minutos antes de ingresar a la entrevista, una frase que marcó mi carácter: «¡Presencia de ánimo en la voz!»

Bueno, eso fue impresionante de verdad. El efecto en mi interior era como si tomaran un balón desinflado, a punto de desintegrarse, pinchado y derrumbado en el piso, y comenzaran a inflarlo, hasta volverlo un globo gigante, lleno de brillantes y luminosos colores. ¡Impresionante!

Entré a la entrevista y comencé a hablar con tanta presencia de ánimo en mi voz, que el profesor Gabriel Cabrera ya no levantaba la ceja con cara de bravo, sino que se le comenzó a dibujar una sonrisa de agrado en su semblante. Me miró asombrado. Yo podía percibir la grata impresión que le causaba lo que le decía.

Y no tengo ni idea de qué era lo que le decía, no recuerdo nada. Pero sí estoy segura de que, desde ese día hasta hoy, esa presencia de ánimo me acompaña airosa y llena de vitalidad, energía, fuerza, resolución, impacto y pasión, a dondequiera que llegue a hablar.

Cuando hago retroalimentaciones acerca de mis seminarios, talleres y conferencias en todas las empresas y universidades, les pregunto a los asistentes qué les transmito con mi mensaje.

Ellos responden con una lista de calificativos relacionados con la presencia de ánimo en la voz: alegría, pasión, entusiasmo, seguridad, fuerza, vida, amor, vitalidad, vibración, intensidad...

Todo eso se quedó grabado en mi carácter. Y aunque esté muerta del susto cuando voy a comenzar una conferencia, aparece ese ánimo de nuevo y la escena comienza a brillar.

Olvídese de sus inseguridades, timideces, poquedades, cuando vaya a comenzar a hablar frente a la gente. Párese firme frente a ellos y hable con mucho ánimo y determinación. Solo de esa manera logrará persuadir y ser asertivo.

No lo olvide, el conocimiento no basta. Es necesario transmitir ánimo y mostrar toda la fuerza de su carácter, con la voz.

Cuando enseño a los gerentes, cada día, acerca de cómo realizar una presentación de alto impacto, encuentro que la mayoría de las debilidades están fundamentadas en esa falta de ánimo en su expresión.

Algunos se tornan muy tensos, rígidos, estrictos y poco amigables. Otros se ven como niños consentidos, que no transmiten seriedad ni confiabilidad, porque hablan con un tono un poco infantil.

También están los que hablan como si recitaran una lección aprendida, pero no pueden ocultar el pánico, porque la falta de ánimo en su postura y en su voz no les permite contar con un centro firme de dónde agarrarse.

El ánimo resuelto que se transmite en la voz permite que una persona, aunque esté a punto de desmayar de miedo por enfrentarse a un auditorio, aparezca en la escena determinada y segura. Tan solo con decir: «Buenos días», convence a todo el público de sus capacidades y conocimientos.

Pero si aparece pusilánime, asustadizo y débil, aunque sepa mucho y haya trabajado sin descanso en su presentación, todo se caerá y los esfuerzos habrán sido en vano.

Recuerde la clave: «¡Presencia de ánimo en la voz!» es la mejor forma de ser empoderados en una comunicación de alto impacto.

Lo demás son técnicas muy válidas de «cómo hablar bien en público», pero nada sacamos con entrenarnos con técnicas de voz y expresión, si no contamos con el soporte central: el ánimo resuelto y la determinación en su ser interior.

3. Denuedo y seguridad

Además del ánimo resuelto, se requiere una habilidad muy especial para ser persuasivo y asertivo: denuedo y seguridad.

En comunicación, el denuedo es la capacidad de hablar con firmeza, sin que le tiemble la voz. Una actitud denodada, es aquella que no tiembla ante ningún escenario, con seguridad y aplomo.

Denuedo significa: brío, esfuerzo, valor, intrepidez. Se requiere demasiado a la hora de enfrentarse a una comunicación hablada frente a un comité ejecutivo, o la asamblea anual de empresarios, en la que usted debe dar el discurso central.

El apóstol Pablo les pidió a los discípulos que oraran por él para que cuando abriera la boca le viniera de lo alto el denuedo que necesitaba para enfrentar a los fariseos y religiosos de la época.

Tenía toda la razón al hacerlo, porque lo querían llevar a la cárcel o mandarlo a matar, por predicar el evangelio de Jesucristo. Creo que Pablo sí sabía lo que estaba pidiendo: ¡Denuedo! De verdad que lo necesitaba. El asunto era de vida o muerte.

Y usted lo necesita día a día también, casi tanto como Pablo, para enfrentar los difíciles públicos que quieren buscarle el error para demostrar que no sabe del tema.

También porque lo critican con envidia o por rivalidad. A veces quisieran estar en su lugar. Por eso comienzan a lanzar preguntas y frases confusas para llevarlo a la equivocación.

Algunas veces se va a encontrar con gente así. Que le querrán colocar cáscaras con preguntas absurdas, para que usted caiga en la trampa y muestre evidencia de que no sabía la respuesta.

Mantenga su denuedo hasta el final. Si no sabe, diga con absoluta seguridad: «No sé. Pero con mucho gusto la puedo averiguar y le traeré la respuesta mañana».

El denuedo es parte del carácter de un buen comunicador. Está muy emparentado con la asertividad. Porque una persona asertiva afirma cada frase que habla. Y para eso se necesita una postura denodada. Sin titubeos.

4. Agilidad y habilidad

Si ya tiene claro lo que significa contar con esa presencia de ánimo en la voz y también con una actitud denodada y segura, ahora lo invito para que entre en la dimensión de los ágiles y hábiles de la comunicación hablada.

Se trata de desarrollar una habilidad especial para ser muy ágil en el escenario cuando hable. Ágil para pensar, para escuchar, para responder con rapidez.

Ágil para responder en forma rápida a cualquier asunto que aparezca en medio de su conferencia o charla informal. Eso es mucho más que conocimiento. Es una agilidad que se desarrolla en usted como comunicador, como un músculo que se ejercita, en la medida que practica frente a diferentes escenarios.

Esta habilidad de responder con prontitud ante cualquier imprevisto lo calificará como un comunicador capaz y seguro de sí mismo, uno que puede manejar cualquier situación.

Por ejemplo, si se daña el equipo en que lleva la presentación en Power-Point, no dependa de eso. Sino que responda con rapidez, con el material impreso, para que los asistentes lean allí lo que usted dice, paso a paso.

La habilidad y la agilidad son definitivas para tomar control de cualquier situación. También para improvisar con inteligencia en caso de ser necesario. O para dejar que una persona intervenga, sin que le quite a usted la autoridad.

La habilidad en medio de una conferencia lo llevará a ser, más que un presentador, un moderador que puede dar espacio para que la gente participe, pero sabe llevar el orden, sin perder el control.

Habilidad y agilidad para dar espacio a cada persona que quiera participar, pero al mismo tiempo tener el tiempo correcto de su presentación para lograr cumplir con todo el programa, sin que le falte ni le sobre.

La agilidad le permite llevar un manejo muy efectivo del tiempo, módulo por módulo, idea tras idea, con perfecta ilación. Permitirá que la gente intervenga y participe, pero no que se forme un desorden. Porque usted tiene la autoridad en ese momento.

Siempre me preguntan cómo hacer cuando la gente que está entre el público comienza a hablar por celular, o a conversar con otros, o a mirar el computador o a contestar mensajes en BlackBerry.

Mi respuesta es siempre la misma: Mientras usted sea quien lidera la comunicación, cuenta con la autoridad para guardar silencio, dejar un espacio en blanco y no hablar, ni moverse, ni comenzar nada hasta que todos estén atentos.

Eso es parte de la agilidad para el dominio de grupo y de escena. No permita que nada se salga de control. Su habilidad lo llevará a contar con esa especie de antena parabólica, con ese radar, para captar todo lo que sucede a su alrededor mientras habla.

La agilidad le permitirá saber si está bien el aire del salón, la luz, el orden de las sillas, la tecnología (¡que no lo atropelle!), la hora exacta acordada para comenzar, parar a la hora del refrigerio, regresar a los quince minutos exactos, volver a parar para el almuerzo, regresar a la hora en punto y en la tarde permitir un café...

El comunicador hábil piensa en todo. Le importa el descanso de las personas. Alcanza a ver cuáles son las manos que se levantaron entre los participantes. Permite la pluralidad, pero la sabe canalizar...

Si es necesario, puede realizar un diagnóstico particular de las personas que asisten a sus capacitaciones. Puede mostrar un video, realizar unas dinámicas, generar un ambiente cercano, amigable, cálido, donde las personas se sientan felices y puedan disfrutar cada minuto de su comunicación hablada.

La agilidad le permitirá manejar una charla, aun en un espacio no muy amplio, y verse muy cómodo. También lo llevará a dar tiempo para que quienes participaron realicen una evaluación final y califiquen su intervención.

Y si es posible, grabe toda la presentación, para que pueda analizarse, autocalificarse, para un mejoramiento continuo. Será cada vez más y más ágil en su comunicación hablada de alto impacto.

5. Autenticidad y transparencia

Y aquí está la habilidad dorada. Este es el «Harvard» de la expresión. Si usted es auténtico y transparente, logrará el nivel más alto en el «top» de la comunicación hablada.

El giro que han dado los resultados en las elecciones presidenciales en la mayoría de los países del mundo lo demuestra. La gente ya no quiere cualquier candidato que represente la misma corrupción y falsedad de las maquinarias políticas tradicionales.

La gente vota ahora por la transparencia y la autenticidad, más que por los partidos políticos. Sobre todo los jóvenes, con el poder de las redes sociales como Facebook y Twitter, han mostrado su intención de cambio y su necesidad de transformación.

El fenómeno Obama, por ejemplo, en Estados Unidos, es prueba de ello. Se posicionó como un hombre sencillo, tranquilo, pero con una capacidad de comunicación muy especial. Al punto que hoy existen todos los libros que hablan de su historia y de su estilo.

Su fenómeno comunicacional va más allá de los lineamientos políticos con los que podemos estar o no de acuerdo, pero el llamado «Método Obama», es indiscutible.

Al analizarlo, encuentro varios principios: sencillez, concreción... pero, sobre todo, autenticidad y transparencia. No sé si sea real, pero es lo que transmite.

Y lo que sus asesores de imagen enfatizaron en él para llevarlo al triunfo. En el capítulo sobre modelos de comunicadores hablaremos un poco más a fondo de este fenómeno Obama.

Hoy el discurso político debe ser más sencillo, sin tantos retruécanos, agudezas, politiquerías ni grandilocuencias. Debe ser mucho más transparente, tanto en lo que dice como en el cómo lo dice.

No necesita posar de orador rígido, con una postura natural, sencilla, casi que sin saco ni corbata, el discurso se verá mucho más cercano, amigable, transparente y auténtico.

La virtud de la autenticidad lleva a las personas al éxito total. Siempre pido a la gente que me escucha que vean la película *Kung Fu Panda*. Es una verdadera lección, un mensaje sencillo pero profundo del incomparable Walt Disney.

En la historia, Kung Fu Panda es un personaje bonachón, gordo, pesado, feo y muy torpe, pero resulta elegido para competir contra otros mucho más audaces que él, como guerreros.

Al final, después de cometer muchas torpezas, mostrar todas sus debilidades y sus incapacidades, al lado de unos contendores superhábiles y con dotes impresionantes, el tierno y grandote Panda de ojeras inmensas, descubre el secreto... el mapa del éxito.

Qué maravillosa sorpresa, cuando el torpe pero hermoso y buen Panda descubre que el mapa del éxito para ganar la competencia era un rollo donde estaba un espejo... al abrir el tan buscado rollo, apareció la ruta hacia el triunfo: ¡él mismo!

Tal vez usted no sea el más fuerte, poderoso, elegante, fuerte y bien parecido de todos en la empresa, o en la universidad, o entre su grupo de amigos y familiares... Pero le quiero decir algo: el mapa del triunfo es ser auténtico. Es decir, la ruta hacia el triunfo en la comunicación es usted mismo.

No le dé más vueltas. Ya llegó. Solo sea usted mismo, en forma auténtica, propia, transparente. Aun con todas sus debilidades... no solo sus fortalezas. No trate de presentarse como el perfecto de los expositores. Se verá falso. Muéstrese como el más auténtico y entonces todos lo amarán.

Conseguirá conquistar a todos los auditorios, si se deja ver en su esencia, tal cual como es. Si es expresivo, sea el mejor efusivo. Si es sereno, sea el mejor aplomado. Y si es directo, sea el más pragmático.

Lo peor que le podría pasar es tratar de ser efusivo, cuando lo único que le dicta su perfil y su temperamento es ser discreto, tranquilo y apacible.

Tampoco se afane por mostrar lo que no tiene. No intente decir que sabe de lo que no tiene ni idea. O no trate de posar de enérgico cuando usted es el más tranquilo diplomático y pacificador flemático de la entidad.

Sea usted mismo, y encontrará el tesoro mayor del «Factor X»: la autenticidad y la transparencia.

Shakira descubrió que su autenticidad estaba en el movimiento de caderas, Juanes le apostó al estilo «paisa» más desabrochado, Obama al discurso de la esperanza, Chávez a su trillado discurso bolivariano...

Fíjese bien, cada persona que encuentra algo auténtico qué decir o mostrar en el escenario, logra acertar. Aunque no sea perfecto, rígido y estereotipado. Pero es genuino y eso es lo que cuenta.

Cada vez más, la gente busca y le apuesta a lo que le parece legítimo. Porque todo el mundo quiere un cambio. Las encuestas del mundo entero ante la elección de políticos lo demuestran. Ya nadie le apuesta al discurso ortodoxo, legalista, obsoleto. Lo de hoy es la naturalidad. El minimalismo, aplicado a la imagen personal en la comunicación.

Si usted es del Caribe, no trate de hablar como un frío y estirado personaje del interior. Y si es un estricto hombre o mujer del interior, pues ni se le ocurra posar de costeño caribeño, porque se verá muy mal.

Estoy segura de que el «Factor X» de Jesucristo, como el comunicador más auténtico del universo, tiene todo que ver con la habilidad de ser auténtico. No posó de «hijo de papi», a pesar de ser el Hijo de Dios.

No trató de verse como fariseo, religioso y legalista, a pesar de conocer la ley de Moisés más que todos. Es más, se burló de ellos y los insultó diciéndoles «generación de víboras» y «sepulcros blanqueados».

Tampoco trató de colocarse ropas muy fastuosas, sino que caminó con sus sandalias por los caminos polvorientos. No quiso imitar a nadie. Sus palabras fueron las más sencillas, pero profundas, eternas y auténticas. Aunque le costaran la vida misma.

Yo creo que la autenticidad se relaciona con el coraje. Con la pasión. Con el propósito claro. Y en eso Jesús fue su más digno representante.

Su comunicación era de extraordinario impacto. Los dejó a todos boquiabiertos con su auténtico mensaje del «Yo soy...». Porque hasta ahora, nadie lo había dicho... y nadie lo volverá a decir: «Yo soy el camino, la verdad y la vida»... «Y conocerán la verdad, y la verdad los hará libres»... «Yo soy la luz del mundo. El que me sigue, no andará en tinieblas»... «Yo soy la puerta»... «Yo soy el pan de vida. El que a mí viene nunca pasará hambre»... «Yo soy la resurrección y la vida. El que cree en mí vivirá, aunque muera ».

Autenticidad plena. Contundencia absoluta. Incomparable comunicador. Perfecto. Maravilloso. Incomparable.

Por siempre.

CAPÍTULO 7

Calidez, el primer factor clave de la comunicación

La calidez es el factor que determina un mensaje cercano y amigable. Es otra habilidad sin la que la comunicación no pasa de ser un mensaje frío, o apenas tibio. Impasable.

Mientras que la pasión tiene que ver con el nivel de intensidad y energía que se le imprima a la conferencia, charla o capacitación que usted presente, la calidez tiene que ver con el «clima» generado alrededor de la comunicación.

Es la «temperatura» ambiente que se logra con la agilidad de instalar una especie de chimenea delicada en el escenario de un salón rodeado de frialdad técnica, organizacional o académica.

La calidez no implica que se convierta en un hipermotivador que siempre grita: ¡Actitud megapositiva!, para que todo el mundo se comience a sentir impulsado por su afán de energizar el ambiente.

Siempre recuerdo la película *La sociedad de los poetas muertos,* basada en un impecable guión de Tom Schulman, ganador del Oscar. Expone el despertar adolescente al placer del lenguaje poético, al romanticismo, la búsqueda de la identidad y la canalización de las posibilidades vocacionales.

Me impactó demasiado la forma como los estudiantes aplaudieron al profesor, subidos sobre las sillas de su salón de clase.

Impresionante como un maestro asertivo, puede llegar a convencer a un grupo de estudiantes, para que sientan y vivan con extrema calidez el mundo a veces distante de la cátedra de literatura.

No importa el tema. La calidez es útil para usted. Porque así como existen comunicadores de temas duros y álgidos, que se presentan muy cálidos en la expresión, también hay comunicadores que transmiten con un estilo casi congelado, un tema que es por naturaleza «cálido».

Participé en un proceso de aprendizaje sobre el valor de la calidez en Avianca, la importante empresa de aviación colombiana, al lado de Nayib Vallejo, uno de los mejores consultores de valores en el país. Mi tema era la comunicación.

Todo lo que sucedió allí, entre las casi mil quinientas personas entrenadas, grupo tras grupo, semana tras semana, fue extraordinario. La transformación de la cultura de la comunicación hablada y escrita, comenzó a verse en todos los procesos.

Por esos días, Juan Gossaín, el periodista número uno de la radio en Colombia, director de Noticias RCN Radio, dijo en su influyente mensaje al país, acerca de Avianca: «Aquí están pasando cosas...»

Porque si algo comienza a notarse en el proceso de cambio y transformación de la cultura de la comunicación y los valores de una entidad es la calidez.

Cambiamos los formatos comunes y rígidos de la comunicación, escrita y hablada, por otros más amigables, cercanos, sencillos, que permitieran a las personas sentirse en un ambiente más agradable y ameno.

Nada peor que la azafata de un avión cuando habla por el altavoz y comienza a decir de memoria, de la manera más fría y cansona posible, el mensaje acerca de la seguridad a los pasajeros.

Así mismo, nada mejor que una sobrecargo de una aerolínea, que abriga con sus frases a la tripulación y a todos los pasajeros, porque su tono cálido produce una sensación de bienestar, muy confortable y placentera.

Quiere decir que, para lograr la calidez, es necesario salirse de las recitaciones y retahílas memorizadas, con una lectura plana y sin conexión emocional, y entrar en la dimensión de la amabilidad, gentileza y cordialidad apacible.

La calidez en la voz y el mensaje de la azafata, hará que los viajeros sientan que se encuentran en la mejor línea aérea del mundo. La calidez es el servicio al cliente, es la imagen de la entidad.

La calidez es el sello de alto nivel de un buen presentador. La persona que la posee como valor, como parte de su estilo, logra estándares de comunicación muy altos. Más allá del conocimiento. Mucho más allá de la presentación misma.

Por eso lo animo a que, cuando tenga una presentación obligada, que le genere mucho estrés y presión, desde varias semanas antes de la fecha asignada, no se enfoque tanto en lo que va a decir, sino en cómo lo va a decir.

Seguro que usted se sabe muy bien el tema, puesto que es especialista en el contenido de su presentación. Pero de lo que no estoy muy segura es de que conozca el valor de la calidez, para lograr el ambiente y clima propicio para su charla.

Cuando ya esté en el escenario y comience la conferencia o la presentación del informe, no se asuste con el «qué» voy a decir... empiece a generar un ambiente de calidez apropiado, desde los primeros diez minutos.

Luego, todo lo demás llegará al entendimiento de las personas con facilidad. Y usted se convertirá en un conferencista muy persuasivo, porque logró el clima ideal para el escenario de su mensaje.

La calidez es un valor que tiene que ver con la fórmula:

$$AFECTO = EFECTO$$

Es decir, el efecto que produce una actitud de afecto y amabilidad dentro del escenario, o dentro de la comunicación interpersonal uno a uno, o en la dirección y liderazgo de grupos, es impresionante. Es el efecto de la calidez en las relaciones interpersonales.

Son muy pocas cosas las que una persona que practica la calidez con su audiencia no puede lograr. El efecto del afecto es mucho más contundente que el de cualquier método de persuasión existente.

Es lo que podemos llamar también «Comunicación propositiva». Donde no existe el viejo truco de Calígula cuando decía: «Que me odien, con tal de que me teman». No, no, no. En la comunicación propositiva todo es calidez. Es decir, positivismo puro.

Si usted está en esa línea de pensamiento aún, debe comenzar a romper el paradigma de la rigidez. Por encima de todo.

La calidez tiene que ver también con el «color» de su mensaje. Se sabe que los colores cálidos son aquellos que están en la línea de los dorados, amarillos, naranjas y rojos... ¡me encantan! Amo el amarillo. Porque es el tono de mi temperamento cálido, sanguíneo, efusivo, extrovertido.

Recuerdo que cuando era adolescente y me vestía de amarillo, mi papá me recordaba el refrán: «La que de amarillo se viste, en su belleza confía» (o a su belleza se atiene, dicen otros).

Pues bien, aún aplico amarillos y naranjas no solo en algunas piezas de mi ropero, sino en la decoración de mi casa. ¡Fabuloso!

Nada mejor que una sala minimalista, con tonos básicos café y blanco. Y en la pared, majestuosa, suntuosa, una maravillosa obra de arte en tonos cálidos. O unos cojines de tonos fuertes, sobre un sofá negro, blanco o café.

Y lo mejor, he aprendido a mantener un justo equilibrio entre los tonos cálidos y los sobrios. De esa manera me conecto con la esencia de mi temperamento, de mi estilo, y permito que la calidez sea siempre parte de la escena.

En este caso, el paradigma que un presentador o comunicador debe romper es pensar que para ser creíble y confiable, debe verse en tonos grises. ¡No, no, no!

Las tonalidades cálidas que usted le aplique a su ropero, a su casa o a sus mensajes hablados, serán el matiz perfecto para aplicar elementos que persuadan al auditorio a enfocarse en un mensaje atractivo y de alto impacto.

Sin color, la comunicación no pasará de ser una paleta de tonos en blanco y negro, que no deja ningún efecto en las personas que le escuchan.

Con calidez en su comunicación, la gente verá una gama completa de colores imaginarios en cada una de sus frases. Y usted empezará a jugar, como un hábil artista de la expresión, con las pinceladas mágicas de la calidez. Pintará su mensaje de amarillos, rojos, naranjas y dorados. Y la gente saldrá salpicada de alegría y felicidad.

La calidez es el clima. También el color. Por eso sin ella, no hay comunicación. Tan solo información en gélidos, oscuros y tristes tonos grises.

¡Pinte de colores su comunicación! ¡Brille!... y encontrará entonces el resultado innovador de una nueva dimensión de sus mensajes hablados.

Como en todas las otras habilidades, debe cuidar el equilibrio. Si no cuida los excesos de calidez, puede ser contraproducente. Nada más fastidioso que un charlatán sobreactuando, que ya no es cálido sino quemado. Produce fastidio y efecto de rechazo en las personas. Además, se verá poco confiable.

La calidez es todo un arte. Debe fluir con naturalidad y sin exageraciones. Debe ser sobria y confiable. Un clima perfecto. Ni caliente, ni frío, ni tibio.

La calidez es la temperatura ideal. Es la primavera eterna y perfecta del mensaje. Es el punto de la comunicación donde todo el mundo se siente a gusto, a partir de su mensaje serio pero amable, directo pero tranquilo, profundo, pero sencillo.

La calidez produce un clima templado en el que todas las ideas florecen llenas de colores y el ingenio da sus mejores y más jugosos frutos.

En servicio al cliente, por ejemplo, una de las vicepresidencias clave para las entidades, otra de las áreas en las que soy consultora empresarial en comunicación, siempre enfatizo la importancia de guardar el equilibrio entre: calidez y calidad.

El asunto es encontrar el punto óptimo entre calidez y calidad. Al mismo tiempo que se consigue la amabilidad, es necesario trabajar la excelencia de la comunicación en el servicio. Es decir, no funciona lo uno sin lo otro.

Es necesario que la calidez esté respaldada por la calidad. Y que esta tenga un poderoso apoyo en aquella. Si se logran los dos valores, el cliente estará en verdad feliz y satisfecho.

Así mismo, la calidad no lo es todo. No se puede pasar por encima del afecto y la amabilidad con el cliente, solo porque lo único que nos importa es que todas las cosas funcionen a la perfección. A cualquier precio.

Entregar calidad óptima en procesos, productos o servicios, no le da derecho a ser hostil con la gente. Saber demasiado de un tema o una cátedra, no le da permiso para ser un genio prepotente o intimidante.

Este mismo principio se puede aplicar a todos los «clientes» de su comunicación diaria. Incluso a la pareja, a los hijos adolescentes o a la persona que lo atiende en la casa o la oficina con su trabajo humilde y sencillo, pero muy valioso para que usted pueda hacer posible su desempeño. ¡No los atropelle! Sea cálido, amable y gentil. Y disfrute del maravilloso efecto conseguido.

Recuerdo al presidente de BanSuperior en Colombia: Enrique de La Rosa, un barranquillero gentil y culto, reconocido por todo el edificio del banco por su calidez en las relaciones con los empleados.

Era impresionante verlo pasearse por los pasillos y ascensores de la entidad sin ninguna pretensión. Todos apreciaban y comentaban la forma cálida como se dirigía a cada persona, la saludaba de mano y le hablaba por su nombre propio.

Aunque los recursos audiovisuales son una ayuda importante, el factor para medir su calidez no es la cantidad de conocimiento, sino su actitud. En el clima del auditorio o de cualquier escenario de su comunicación, debe sentirse su disposición para escuchar, compartir y permitir la participación interactiva con su auditorio.

CAPÍTULO 8

Presentaciones de alto impacto

Los factores que determinan el impacto
* Empatía
* Conexión

Lo que cuenta en el liderazgo de hoy, más allá de la preparación, son aquellos factores que marcan la diferencia entre las personas, por su actitud.

Pueden contar con la misma preparación, pero lo que los diferencia son las habilidades empáticas. La capacidad de ser auténticos. Y sobre todo, la conexión y conectividad que le permite al comunicador «llegar». Ser amigable y cercano.

Entre más cercana y amigable sea la comunicación hablada, mayores serán los resultados en el auditorio o en las conversaciones personales. Las mejores prácticas comunicacionales las he visto en las entidades donde la cultura permite la cercanía y la calidez, como parte de la historia de la entidad.

Hay universidades de las cuales las personas egresan con una educación perfilada hacia la sociabilización con la gente. Por eso cuando llegan a las empresas a realizar sus prácticas o sus pasantías, consiguen escalar importantes cargos.

En cambio hay otras en las que parece que entrenaran para ser prepotentes, egocéntricos e «impotables». Por eso cuando se enfrentan a la hora de la verdad al salir a trabajar sufren mucho. Se pegan un fuerte golpe contra el difícil muro de contención del mundo empresarial.

Otra de las cosas que entorpece la comunicación sana es la actitud intimidante del participante en medio de un auditorio. O peor, la mala actitud del propio expositor. He visto gente muy altiva, obligada a bajar el tono de su arrogancia en la comunicación, a punta de fuertes golpes a su inmadurez emocional como oradores.

Pero también he visto a la gente menos esperada, llegar hasta los lugares de preeminencia como los más admirados, respetados y reconocidos por todos.

Eso se debe a que el nivel de su comunicación está ligado en forma estrecha a su capacidad de ser amigable, cercano y sencillo. Eso marcará todas las pautas entre usted y la gente que le rodea.

Empatía

Este es el principal factor que define el impacto de un comunicador. Supone la identificación social y afectiva de una persona con las necesidades de otra. Con sus estados de ánimo. Se le ha definido también en algunas esferas como la «inteligencia interpersonal». Me gusta mucho ese término. Ese concepto.

Implica un esfuerzo de comprensión hacia el otro, no es lo mismo que simpatía. Porque la empatía es un esfuerzo objetivo y racional por entender al prójimo.

Tampoco es una simple euforia emocional pasajera e inestable. Porque las personas empáticas siempre están dispuestas a comprender al otro. A «ponerse en sus zapatos» y dejar que pueda expresar sus ideas, sentimientos, pensamientos, hasta que se sienta de verdad valioso y comprometido.

El *Diccionario de la lengua española de la Real Academia Española* define empatía así: Identificación mental y afectiva de un sujeto con el estado de ánimo de otro.

Es tratar de ponerse en el lugar del otro. Escucharlo, antes que hablar para ser escuchado, y reconocer sus propios sentimientos individuales.

Es la capacidad de una persona para experimentar la manera en que siente la otra y compartir sus sentimientos. Es tratar de entenderlo, tanto es sus tristezas como en sus alegrías y temores. Es pensar en lo que le motiva, en sus actitudes, capacidades.

Respeta la posición del otro, aunque no esté de acuerdo con sus pensamientos y posiciones frente a algún asunto. Por razones de educación, por cierta predisposición genética o por una simple condición hormonal.

Se cree que una persona tiene empatía cuando se conoce bien a sí misma o, lo que es lo mismo, ha desarrollado su inteligencia emocional siendo capaz de razonar, sentir e incluso evaluarse.

Conexión

Los estudiosos de este tema maravilloso de la comunicación para gente de influencia en diferentes públicos, que manejan a diario presentaciones y deben enfrentar auditorios, dicen con frecuencia que «sin conexión, no hay comunicación». Y estoy de acuerdo con eso.

La conexión con el público se logra por medio de la mirada. No hay duda. Esa es la puerta de entrada principal al alma de las personas.

La conexión es una especie de «clic» que se logra entre quien habla y el que está sentado para escucharlo.

Después de la mirada (que estudiaremos más adelante en el capítulo de expresión oral) el siguiente factor que permite la conexión en dirigirse a las personas por su nombre.

Por eso el recurso de escribir el nombre de cada uno en un paral frente a su puesto en la mesa, es extraordinario. Porque por lo general no es fácil para el presentador o consultor memorizar los nombres de todos los asistentes.

También se logra una conexión absoluta de los participantes con la sonrisa. Con las manos, con el movimiento tranquilo de los pies... ¡con la piel! Porque la conectividad en la comunicación se da por esa capacidad de «llegar» y conectarse con las personas, a partir de un demostrado interés por ellos.

La conexión se da también, por supuesto, cuando logramos encontrar temas que apasionan a las personas. Por eso escoger un buen tema es muy importante.

Pero eso sí, no lo tome como disculpa, cuando su tema sea un poco técnico, difícil y pesado y no logre la conexión. La culpa no es del tema. La responsabilidad de lograr que un argumento «yeso» (o duro) se vuelva divertido y logre la conectividad con la gente, depende de su habilidad para llegar y conectarse.

Por lo general, la conexión la logran aquellos que quieren «entrar» con fuerza en la escena cuando hablan. Es imposible que aquellos que se quedan «pegados» a la pared, a la mesa, a su propia presentación, al tablero o al rotafolio, logren conectarse.

Si usted quiere de manera resuelta alcanzar la conexión, entonces debe enfocarse en las personas y no en la presentación. O en la cantidad de material que va a darles, para demostrar que sabe o que es muy eficiente y trabajador.

La conexión la consiguen quienes se entregan al auditorio. Los que se involucran con las personas.

CAPÍTULO 9

Comunicación con valores

Es muy importante tocar este punto de los valores como si fuera el corazón mismo de la comunicación efectiva.

Puesto que una persona puede ser un prodigio en las técnicas de la asertividad y la persuasión, pero si no cuenta con un piso firme en los principios universales como la integridad o la veracidad su capacidad puede llegar a ser incluso un peligro.

Porque la persuasión, sin el valor de la verdad, termina por convertirse en un fraude. En una fatídica manipulación de los oyentes.

Quiero decir con esto que el talento no es suficiente. Además de eliminar los vicios de una expresión oral deficiente, usted necesita estar «bien parado» en el piso sólido y firme de los valores como la amabilidad, de modo que no comience a atropellar a las personas para conseguir su objetivo.

Necesita demasiado el valor del respeto, para que maneje con mucho tino y prudencia cada palabra que diga, como con guantes de seda. Ya que por encima de la instrucción que usted quiere dar, de los resultados que necesita obtener, está lo más importante de su presentación o charla: las personas.

Si no hay valoración y amor por los individuos, con todo el respeto lo digo, los comunicadores no pasarán de ser buenos charlatanes y palabreros. Suena muy duro, pero es necesario que nos confrontemos en este punto.

Si las motivaciones del mensaje son oscuras y turbias, si los motivos del corazón no se fundamentan en el valor de la honestidad, todo lo que se diga será chatarra que terminará en un mal olor a basura.

Perdón por la vehemencia con que digo estas frases, pero la verdad es que me he convertido en una guerrera defensora de los principios y valores expresados a través de la comunicación. Porque es ella es el medio por el cual mostramos los valores o los antivalores.

Hablo con osadía acerca de los valores en los espacios del gobierno a los que me invitan. Como en el Consejo de Bogotá, donde estuve en un conversatorio sobre antivalores en los medios de comunicación, al lado de personajes de Unicef y otras organizaciones gubernamentales y privadas internacionales.

Considero que cualquier habilidad debe fundamentarse en un tejido bien sólido de principios y valores que soporten el talento y las competencias de manera firme.

Los valores no son negociables, ni tampoco relativos. Eso es algo que un comunicador debe tener muy claro para que no termine por vender sus principios por cualquier plato de lentejas.

No es negociable, por ejemplo, el valor de la verdad. Cuando decimos mentiras y engañamos a la audiencia, solo para conseguir lo que necesitamos, estamos ante un quebrantamiento de un valor que no es negociable. Ni por todo el oro del mundo.

Otros valores clave en la expresión oral son:

Amabilidad: hágase amar y amar a su empresa.
Prudencia: no diga más de lo que tiene que decir.
Cortesía: no sea grosero, tosco ni agresivo.

Veracidad: diga siempre la verdad.

Honestidad: no mienta.

Integridad: sea irreprensible.

Sobriedad: no se exceda.

Diplomacia: lidie con las situaciones.

Objetividad: no muestre emocionalismo desmedido.

Transparencia: no contamine el mensaje.

Sensibilidad: identifíquese con la belleza del lenguaje.

Excelencia: no sea mediocre.

Humildad: reconozca a los demás.

Sabiduría: entienda el propósito.

En el banco holandés ABN AMRO, desarrollamos un excelente programa de valores y comunicación que se llamó «El cambio como factor de éxito». Fue muy interesante el proceso durante un año completo con toda la compañía.

Trabajamos la alineación de los cuatro valores corporativos: Integridad, respeto, trabajo en equipo y profesionalismo, con las 120 personas que laboraban en el banco. Desde el presidente hasta el último de los empleados. Fue un ejercicio muy enriquecedor, en el que las personas aprendieron no solo a desarrollar sus habilidades comunicacionales, sino que interiorizaron a partir de dinámicas experienciales y lúdicas los cuatro valores organizacionales, hasta volverlos parte de su estilo personal de vida.

Aprendimos, por ejemplo, que el valor del respeto no se impone, sino que se sugiere, a partir de nuestro propio ejemplo. Lo que uno recuerda acerca del respeto es, por lo general, un grito del padre o la madre que dicen furiosos: «¡A mí me respeta!» Y luego viene una palmada o un manotón sobre la mesa.

Pues crecimos con el paradigma de que el respeto se inculca a los gritos y a la fuerza. Por eso luego tratamos de imponerlo a los hijos y a los subalternos de la misma manera agresiva e irrespetuosa.

Es extraordinario como van de la mano la comunicación y los valores. Los resultados de cada programa en este sentido son maravillosos. Incluso para las familias de los asistentes.

Cada funcionario va a su casa a llevar todo lo aprendido acerca de temas como el perdón, la valoración del otro, la capacidad de reconocer, agradecer y admirar... en fin, es un crecimiento en valores y comunicación, para la vida misma.

De esa manera logramos una transformación integral. Pero lo más importante son los resultados a nivel de cómo afrontar el cambio como una oportunidad de mejoramiento y no como una amenaza.

Suele suceder en las entidades del sector financiero, en las que por lo general se presentan crisis que llevan a las empresas a ser vendidas o fusionadas, lo cual genera mucho estrés y angustia entre los funcionarios. Y toda esa presión termina por afectar la comunicación cotidiana en los pasillos.

Por eso el tema de los valores y la comunicación, en medio de una crisis de cambio, fue muy apropiado. Ahora el banco ABN AMRO no está en Colombia y funciona allí el Royal Bank of Scotland. Quienes quedaron allí, guardan la instrucción acerca de los valores. Los que se fueron se la llevaron bien puesta.

Los valores en la comunicación se pueden notar cuando la persona muestra integridad total entre lo que dice, lo que piensa, lo que siente y lo que hace. Si lo que intentamos comunicar no es congruente con los hechos, entonces la comunicación no es real.

Una persona que se para en público, o que habla en un comité para un grupo de cinco personas, o que se relaciona con otras personas, debe tener siempre en cuenta que sus hechos hablan más que sus palabras.

Por eso ese viejo refrán de que «tus acciones hablan más que tus palabras», es más que real. Y es ahí donde entra a funcionar la famosa «comunicación no verbal» de la cual tanto se habla en los últimos tiempos.

La comunicación no verbal es aquella que transmitimos con la mirada, los gestos, la expresión del cuerpo... Todos los sentidos y hasta la piel misma comienzan a jugar un papel relevante en el tema de la comunicación no verbal.

PARTE 2

La forma –
El mensajero:
«Cómo lo digo»

CAPÍTULO 10

La expresión oral
y las técnicas de la voz

Claves para lidiar con la voz en forma apropiada
Técnicas básicas de la locución, aplicadas en los escenarios de los
    profesionales: salas de juntas, aulas, salones de seminarios y
    conferencias
  • Técnica 1: Vocalización
  • Técnica 2: Respiración
  • Técnica 3: Impostación
  • Técnica 4: Volumen
  • Técnica 5: Tono

Bueno, después de una seria jornada de concientización acerca de todo
lo relacionado con el fondo del mensaje, sobre cómo ordenar las ideas y
presentar la estructura del tema, podemos entonces dedicar todo nuestro

esfuerzo a una parte demasiado importante de la comunicación hablada: las técnicas vocales.

Cuando salí de la universidad tuve el gusto de estudiar en el Colegio Superior de Telecomunicaciones algo que me encantaba, como refuerzo a mi carrera de comunicadora: la locución para radio y televisión. Tuve como profesores a grandes maestros de los medios de comunicación en Colombia.

También en esa misma época de la salida de la universidad trabajé con el maestro de maestros de la radio en Colombia: Álvaro Castaño Castillo, en la emisora más culta del país: la HJCK.

Pero mi grave problema era ser apenas una niña y hablar como una consentida y «gomela», muy creída y antipática, que subía el tono de la voz, al estilo bogotano, como si estuviera haciendo una pregunta al final de cada frase.

Entendí que tenía una excelente voz, en tono contralto, pero que esa buena voz no serviría para nada si no la entrenaba con unas instrucciones básicas de locución.

Poco después de la radio HJCK ingresé a *El espectador* a dirigir la página cultural, por eso no continué en la radio. Pero me encantaba.

Lo grandioso de todo esto, es que cuando voy a las entidades a hablar acerca del manejo de la voz en diferentes escenarios, puedo utilizar todas las claves que aprendí acerca de las técnicas vocales.

Puedo además detectar con facilidad cuáles son los problemas que puede tener una persona cuando habla en público, o frente a un micrófono en la radio.

He detectado algunos puntos básicos como: la falta de vocalización moderna debido a la celeridad con que se habla. La mala respiración, por la falta de pausas adecuadas. La falta de impostación, para lograr un tono más agradable, el manejo del volumen, sea alto o bajo y el tono.

TÉCNICA 1: VOCALIZACIÓN

Me impresiona ver a algunos ejecutivos cuando hablan con el conocido arrastre de las palabras que hacen hoy los jóvenes cuando se comunican.

Hay quienes lo llaman el acento «sparkis» porque se trata de hablar de una manera muy elitista, como con la lengua enredada y sin ninguna vocal audible. O más bien como si arrastraran las palabras. «O sea...»

Además de la falta de vocalización, la celeridad tan impresionante con que se expresan. Con una velocidad absurda, en el manejo de las frases, realizan una presentación en la que la audiencia debe esforzarse demasiado para lograr entenderles.

Me he encontrado con personas en las entidades del sector financiero, jóvenes ejecutivos de altos cargos, con serios problemas de comunicación, por la falta de vocalización y la celeridad de sus frases.

Uno de los gerentes de tecnología de un prestigioso banco me dijo desesperado, con un tono bastante «sparkis»: «Oye, Sonia, por favor ayúdame, porque tengo un problema muy serio. Resulta que hablo demasiado rápido y ya nadie me soporta. Mi novia me dejó, mi mamá me regaña todo el día y el psiquiatra al que acudí se aburrió porque no pudo arreglar el problema y se me volvió demasiado complejo. O sea... tú ¿me podrías ayudar?»

Bueno, pues iniciamos un programa de entrenamiento personalizado en expresión oral para este joven gerente. Se trataba de un profesional muy guapo, elegante, distinguido, de amables modales, pero con serios problemas de vocalización que le podían estropear su brillante carrera y afectar su inteligencia de ingeniero de sistemas.

Dedicamos largas jornadas a las dinámicas y adiestramientos especializados. Trabajamos con el lápiz en la boca, todos los adiestramientos para comenzar a vocalizar, con excelentes resultados.

Trabajamos frente a la cámara durante horas y horas el «antes y el después» de su comunicación y, al final, salió dichoso. Ahora su mamá habla feliz con él, consiguió una novia extraordinaria que le ayuda a desacelerar las frases cuando se le olvida e intenta devolverse.

Pero lo más importante fue el efecto en su propia imagen. Con el resultado de la vocalización en su discurso, todo cambió de manera impresionante. A partir de allí, comenzó a surgir mucho más en la empresa como líder.

Al punto que, poco tiempo después, lo llamaron de una compañía petrolera, lo ascendieron y comenzó a ganar mucho más. ¡Todo porque aprendió a vocalizar!

Es verdad. Las vocales —a, e, i, o, u— son una bendición en medio del discurso, cuando usted se encuentra muerto del pánico. Cuando comienza a vocalizar, adquiere tal seguridad ante el público, que usted mismo se sorprenderá.

Vocalice y se verá más claro, preciso, conciso, asertivo, persuasivo, seguro y muy efectivo.

No importa lo que diga, si vocaliza, conseguirá importantes resultados. Y logrará encontrar un punto central del cual agarrarse, en el momento en que tenga una presentación.

Siempre les digo a los participantes en mis talleres: Digan: B-U-E-N-O-S D-Í-A-S, al comenzar una presentación, una junta o comité directivo. Y los resultados son excelentes. Las personas quedarán muy impresionadas con su presencia.

Y aunque ellos no sabrán de que se trata, usted y yo sabemos aquí entre nos, que el secreto estaba en la vocalización adecuada.

TÉCNICA 2: RESPIRACIÓN

Si además de hablar sin vocalizar y con una celeridad inadmisible, las personas no hacen las pausas necesarias entre las frases, para poder respirar en forma adecuada, entonces nos encontramos ante un síndrome de asfixia en cada presentación o charla.

Este es uno de los diagnósticos más generalizados cuando califico las debilidades de los ejecutivos. Porque resulta que el pánico escénico les hace hablar mucho más rápido y en forma ansiosa, al punto de que pierden por completo la noción de lo que dicen y llegan a un bloqueo definitivo de sus ideas.

A las personas que estudian canto, a los que bucean, a los que necesitan prácticas de relajación, les enseñan a respirar bien para que sepan llevar el aire al diafragma y que no saquen la voz por la garganta, porque además de que se oye muy feo, le afectará la voz y se dañará la presentación.

El ejercicio sobre respiración consiste en dejar llegar el aire directo hasta el diafragma. Que no se quede en los pulmones.

Respire profundo, con las manos puestas en el estómago alto, donde está el diafragma, debajo del pecho, y verá cómo sus manos se mueven cuando usted lleva el aire hasta allí.

Pero si respiramos mal, lo que se infla es el pecho y se suben los hombros, y el aire no sigue derecho hasta el centro de su ser. Y hasta que no logre llevarlo hasta allí, su aire no le acompañará ni treinta segundos.

En cambio, si lidia bien con el aire, desde el diafragma, entonces lo podrá acompañar por horas y horas, sin molestia, ni dolor de garganta, ni mareos.

En medio de las pausas, debe respirar. Y cuidado respira, llevar el aire al estómago, para que logre llegar al nivel en que lo necesitamos como consultor de su empresa, que sabe llevar valor agregado a partir de la respiración adecuada.

Si respiro bien y vocalizo, entonces ya tengo dos elementos fundamentales para verme mucho más seguro. También más cálidos y llenos de vida.

TÉCNICA 3: IMPOSTACIÓN

Impostar la voz es colocar los órganos vocales de modo que el sonido se proyecte en forma más agradable. Que no suene muy chillona y estridente, ni muy grave y monótona.

Impostar es una técnica de la locución que permite transformar la voz en un sonido más agradable, suave, en el tono adecuado y el volumen ideal, según el auditorio.

Quien sabe impostar la voz, es escuchado sin temblores ni titubeos hasta la última fila del auditorio.

En la antigüedad esta técnica la practicaban los cantantes, actores, oradores y maestros para que el mensaje se oyera con claridad, así como para protegerlos del daño ocasionado por el uso constante.

Hoy el uso del micrófono facilitó la impostación. No se requiere de un manejo de la voz para grandes escenarios, por lo que la mayoría de las personas pueden hacer una exposición brillante sin necesidad de impostación vocal.

Los oradores y conferencistas que cultivan su voz suenan mucho mejor y además logran un mayor impacto en los resultados.

En mi estudio de locución para radio y televisión, aprendí con los mejores locutores del país a impostar la voz. Pude pasar de la voz de periodista consentida, a manejar las frases con propiedad y firmeza, a partir de una voz grave, madura, bien modulada.

Los ejercicios físicos de la voz le ayudarán a emplearla con habilidad. Así podrá sacarle más provecho en sus discursos y presentaciones. Sonará más vigorosa, equilibrada, agradable al oído y culta.

Si quiere comenzar ya los ejercicios, puede tomar una cámara de grabación o pararse frente al espejo. Lo que debe sentir es el cambio entre una frase dicha con entonación hacia arriba y comenzar a bajar los finales de cada palabra, de manera más serena y con un tono más grave.

Solo con decir la palabra «hola» varias veces, con las manos en la parte alta del estómago, donde debe llegar el aire al diafragma, usted debe sentir que al pronunciarla con un acento más grave, suena mucho más firme, de modo que podrá sentir el golpeteo del aire en su estómago.

Una famosa locutora del canal RCN TV en Colombia, se ha hecho famosa por su buena locución, pero todo el mundo la reconoce en el país por ese hola bien pronunciado y muy impostado que dice todas las noches al saludar y presentar la interesante y divertida sección de «La cosa política».

Me imagino que a Vicky Dávila la entrenaron bien en los asuntos de la locución para radio y televisión, ya que tiene una de las voces mejor impostadas que he escuchado. Muchos hemos visto el crecimiento y la maduración de su voz.

Al principio, ella era una periodista con voz de niña informal. Hoy tiene una voz impostada perfecta, que convence, llega, genera credibilidad y, por supuesto, se gana todos los premios como presentadora en el país.

Impostar la voz permite que una persona genere mayor fuerza, energía, presencia, asertividad y persuasión. Aunque diga el mismo discurso o la misma presentación, si lo dice con una voz más grave, logrará mayor impacto.

Esa impostación, con un tono más grave, no implica que se vuelva serio, con el ceño fruncido y la cara disgustada. No. Implica relajar el tono, manejarlo desde el diafragma con buen aire y buenas pausas, pero no dejar de sonreír y sostener la calidez en la actitud.

Cuando se logran ambas cosas, impostar y ser cálido, podemos decir que nos encontramos ante un locutor, orador, conferencista, consultor o académico de calificación 10. (Donde, de 1 a 10, el número 10 es ¡excelente!)

Todas las personas que usan su voz como herramienta profesional para llevar un mensaje a un auditorio, deben saber cómo impostarla. Cómo colocarla de manera correcta.

Al impostar la voz, esta se fija en las cuerdas vocales y emite sonidos a plenitud, sin vacilaciones, ni temblores.

Al no impostarla, la persona comienza a hablar forzando la garganta, lo que genera cansancio, trastornos y afonías.

Hablar con la voz impostada es expresarse con naturalidad, sin esfuerzo, con un buen aprovechamiento de las condiciones fisiológicas de su sistema de fonación.

La impostación permite apoyar la voz en la base de la caja torácica, para respirar de manera que descienda la tráquea. El aire debe salir con libertad y producir sonidos con amplitud y calidad.

Cuando se requiere la profesionalización de la voz, como en el caso de los locutores y cantantes, es necesario entrenarse con fonoaudiólogos, profesores de locución especializada, como en mi caso.

Entre mayor técnica para impostar conozca, mejor logrará colocar su voz en un tono natural y agradable, lo que le permitirá llevar un mensaje de alto impacto, durante muchas horas, sin cansarse. Puede cansarse de los pies, por estar tantas horas parado ante el auditorio, pero no de la voz, si comienza a matizarla con un acento más tranquilo, grave, afinado, es decir impostado.

Impostar la voz al hablar en público es hacer que suene a través de los resonadores de la cabeza. De esa forma parece amplificada y es capaz de dirigirse a un teatro lleno, sin micrófono.

No es, como algunos creen, fingir la voz o cambiar el tono. Es llevarla a un tono más agradable, de manera natural, no fingida. Claro que el tipo de voz que usted tenga está condicionado también por su aparato vocal físico. Pero igual aún los defectos físicos de tono, volumen o respiración, son corregibles, si logra impostar la voz y manejarla desde el diafragma, no desde la garganta o la nariz.

También influye el acento de la región donde nació la persona. Incluso su personalidad y temperamento. En el momento de aprender a impostar la voz, todo esto debe tenerse en cuenta, para llevar su expresión oral a un tipo de voz más agradable y universal, sin afectaciones ni acentos culturales.

Se debe impostar la voz, de acuerdo al tipo de auditorio en el que va a hablar. Imagínese la diferencia de un auditorio formal a uno informal. El manejo de la voz debe adaptarse también al protocolo de la reunión o conferencia. Si es una ceremonia, la voz debe ser más impostada, como de presentador. Pero si es en una pequeña sala de la empresa, puede ser más natural y espontánea. Aunque nunca será igual que la de la sala de su casa.

Comience a ensayar frente a la cámara o el espejo y notará cambios impresionantes en su voz.

TÉCNICA 4: VOLUMEN

El volumen no es lo mismo que el tono. Para conseguir un volumen ideal en la voz, es necesario escucharse y saber en qué grado de sonido quiero estar, de acuerdo al auditorio o al número de personas a las que se va a dirigir.

Siempre enseño en mis talleres este tema del volumen de la voz a partir de una dinámica lúdica y muy divertida, en la que los participantes juegan a «tener el control» del volumen en su mano y le controlan el volumen a otro participante, mientras habla.

Los resultados son de verdad impactantes. Primero, porque se rompe el paradigma de creer que nací con un volumen y debo morir con él, simplemente porque ese fue el que «me tocó» asumir.

Sea alto o bajo su volumen, le puedo asegurar que usted puede tomar el control de él y no dejar que le dañe todas sus presentaciones en público y aun entre amigos en un restaurante.

Muchas personas sufren porque hablan con un volumen muy alto. Otras porque tienen uno muy bajo. Pero son una minoría los que concientizan el volumen de su voz y lo definen y reconocen como un problema que entorpece su comunicación.

Si le parece bien, realicemos ahora mismo el ejercicio lúdico del control de su volumen. Con el mismo control de su televisor o equipo de sonido, juguemos a que usted comienza una presentación en público y otra persona con el control en la mano le dice a usted (de 1 a 100) en qué volumen debe estar.

Si comienza con un 20 (bajo volumen) y sube a 80 o 100, se dará cuenta en qué rango es que suena mejor el volumen de su voz. Y comience a subir y a bajar. Si llega a un rango entre 80 a 100, entonces tendrá que hablar mucho más duro. Si baja a 20-30 comenzará a hablar más bajito.

Lo que entenderá al final, es que su inteligencia emocional le ayudará a controlar y regular el volumen de su comunicación hablada.

Usted puede ejercitar, como quien desarrolla un músculo, el control del volumen de su voz. Y nunca más dirá: «Es que yo hablo así». No. Usted puede controlar su volumen y no dejar que este le controle a usted. Por supuesto que sí. ¡Usted puede!

Comience a jugar con su familia, sus amigos, compañeros de trabajo, su pareja, sus hijos... al control del volumen y de esa manera podrá ejercitar ese músculo que tanto necesita para impactar en el escenario de sus presentaciones.

Cuando las personas hablan en público por lo general sufren de dos extremos en el volumen: o lo manejan por lo alto, y aturden a las personas con su voz ruidosa, o más bien se quedan en lo bajo y hablan tan pasito que nadie escucha. O lo peor, duermen al público porque no se atreven a subir el volumen. Por eso se ven y oyen muy aburridos.

No olvide algo determinante: el volumen de su voz, en un auditorio o en una conversación interpersonal, está ligado a la presencia de ánimo. De manera que si habla demasiado bajito, debe imprimirle mucho más ánimo, a partir de un volumen más alto.

Y si habla demasiado duro, relájese y comience a bajarle al volumen como quien toma la decisión de no volver a excederse con las harinas en una dieta. Todo comienza por una decisión saludable, luego se vuelve un ejercicio difícil, pero al final se convierte en una rutina diaria, que se le vuelve deliciosa y le genera un crecimiento personal visible.

Si controla su volumen, podrá controlar todos los excesos o faltantes de su voz, de su personalidad... ¡y de su vida!

Técnica 5: Tono

Un interesante refrán que dice: «El acento suena y el tono envenena», se refiere a una sola cosa: no es solo lo que se dice, sino cómo se dice.

A veces escucho a las personas decir: «Es que me lo dice con cierto "tonito" que me molesta». Ese «tonito» es el acento que le aplicamos a cada palabra y que puede sonar a veces hasta ofensivo. Un poco mandón. O regañón.

Y lo triste de este asunto es que en las presentaciones profesionales se puede percibir muchas veces el consabido «tonito» con que a nadie le gusta que le hablen.

Por ejemplo, la oración: «Para entender esta información, usted tiene que...» es una de las frases que se aplican con el tono inadecuado. Recuerde que uno de los puntos clave del lenguaje para presentaciones es que sea sugestivo, es decir, no impositivo.

Por eso no me gusta en mis talleres, capacitaciones, entrenamientos, seminarios, conferencias, clases... cualquiera que sea el género o espacio, trato al máximo de no usar ese tono imperativo que genera rechazo y cierta reacción de resistencia apenas lógica en las personas.

Bueno, pero además de ese «tonito» detectado en el perfil de los impositivos, también existe el tono de la voz en sí mismo. Es el que tiene uno desde que nace. Algunos lo llaman el «color» de voz, cuando se refiere a los cantantes.

El tono es definitivo para lograr una voz armónica, que les permita a las personas recibir cada concepto que usted quiere transmitir como si se tratara de un postre con helado y sirope de caramelo derretido por encima.

El tono que le damos a la voz permite que se pueda percibir el grado de calidez o algidez de una persona en la comunicación hablada.

Por eso es tan importante que realice ejercicios con su voz frente al espejo o a una cámara, y comience a verificar el tono de su voz como agradable o desagradable.

Un tono desagradable y muy común es el «mono-tono». Es decir, ese tono aburrido, plano, en un solo nivel parejo, que termina por cansar al auditorio.

Cuando el tono es uno solo, se llama «mono» (uno) tono. Si usted padece de ese síndrome de la monotonía de su voz, por favor comience ya a desarrollar prácticas de «up down» [sube y baja] como comunicador.

Es decir, la habilidad de subir y bajar el tono con diferentes matices, distintos grados de volumen y diversidad de acentuaciones para darle énfasis a las palabras y conceptos que quiere hacer brillar... susurrar casi al oído las que quiere decir como en secreto y hablar fuerte para motivar en las que le parecen muy relevantes.

Solo así usted logrará generar en su público un efecto de interés y entusiasmo permanente por el tema. Si quiere transmitir pasión, ánimo, fuerza... pues necesita cambiar el mono-tono por un politono. Para ello es necesario desarrollar en el tono una habilidad de flexibilizarlo al máximo.

Los tonos son diferentes entre edades, regiones, sexos...

La voz de los hombres y mujeres tiene tamaños diferentes de cuerdas vocales. La de los hombres adultos tiene por lo general un tono más bajo, porque emplea las cuerdas con mayor potencia.

Esa diferencia en tamaño de las cuerdas vocales produce los distintos tonos de voz entre hombres y mujeres.

También por la genética se presentan variaciones, aun dentro del mismo sexo. Como las categorías para los cantantes. Los hombres por lo general cuentan con una capacidad vocal mayor. Eso les permite usar tonos más bajos.

Por algo Galeno, el filósofo griego, afirmó que «todo lo que sucede en la cabeza y el corazón se manifiesta a través de nuestra voz, como espejo del alma».

CAPÍTULO 11

Expresión corporal: Postura y actitud

- La comunicación no verbal
- La postura indicada: El movimiento
- Tipos de posturas al enfrentar un público: La influencia de los temores, las inseguridades y las «tendencias» culturales
- Tipos de actitudes que determinan la presentación

LA COMUNICACIÓN NO VERBAL (CNV)

La comunicación de los gestos, actitudes, ademanes, posturas, habla por sí sola. A veces mucho más que las palabras. Es la llamada comunicación no verbal (CNV).

Un expositor puede saberse de memoria su presentación y ser un conocedor del tema, pero si su expresión no verbal muestra desánimo, prepotencia, arrogancia, pánico, inseguridad, furia, angustia, desinterés... o cualquier otra expresión que no sea congruente con lo que dice, de nada vale todo lo aprendido ni el conocimiento recibido.

La comunicación no verbal se expresa en el rostro, la mirada, el movimiento de las manos, los pies... todo lo que no sea la voz, pero que habla de la misma manera.

Si uno quiere transmitir un liderazgo motivacional, de empoderamiento y mucho ánimo, pues el primero que debe colocarse la camiseta del ánimo es el mismo líder al conversar.

No se puede hablar de seguros, si en la comunicación no verbal se transmite inseguridad. No se puede hablar de comunicación asertiva si la expresión no verbal transmite todo, menos asertividad. Si no está ahí implícito en sus gestos el equilibrio perfecto entre agresivo y pasivo.

El equilibrio

Con las manos, los pies, la mirada... y hasta la piel, uno siempre comunica algo a las personas. Esa comunicación no verbal es la que muestra la verdad, porque exhibe lo que se encuentra en el corazón. Es allí donde la gente sabrá qué tan congruentes y consecuentes somos.

Entendiendo como congruencia la relación directa entre lo que pensamos, decimos, sentimos y hablamos. Es por eso que la expresión no verbal se convierte en una especie de medidor o detector de la autenticidad de la comunicación hablada. No la deja mentir.

Hago algunos ejercicios en este sentido con los participantes en mis capacitaciones.

Son fantásticos. La gente sale feliz. Porque pueden darse cuenta por sí mismos de la desconexión entre lo que piensan y lo que sienten. Eso se les nota en el lenguaje no verbal. Pero salen «conectados» hasta el punto de ser y hablar un solo discurso. ¡Genial!

Puedo sentir el instante en que las personas logran ese «clic» interior entre lo que dicen, piensan y sienten. ¡Uao!

Es allí donde se logra el «cambio extremo» de la expresión. Más que en el aprendizaje mismo de las técnicas de voz o de las presentaciones.

Por ejemplo, el valor de la pasión no se puede transmitir a nadie si nosotros no lo expresamos en la mirada, la sonrisa, la postura y la actitud.

La competencia de la comunicación en la gente de potencial en las empresas se mide más por esta variable de la expresión no verbal que por cualquier otra.

Es curioso ver como esta comunicación sin palabras, fundamentada en los gestos y ademanes, es la que al final logra o no persuadir.

Puedo afirmar con las palabras, pero no convencer con la expresión lo veraz de lo que digo.

Por el contrario, si una persona niega con la boca, pero afirma con la expresión, la gente terminará más por creerle a su comunicación no verbal negativa que a su información.

La comunicación no verbal es tan antigua como el Génesis. Comenzó en el paraíso, con Adán y Eva. Aun los animales utilizan desde el principio códigos de comunicación no verbal.

Aunque muchos investigadores dicen que la de los animales no es CNV sino simples códigos relacionales instintivos. Bueno, pues en parte eso es comunicación. Y me parece que el mismo Dios nos enseña cada día acerca de la maravilla de la expresión no verbal de los animales que creó. Basta con mirar un rato el canal televisivo Animal Planet o el de National Geographic... Impresionante sentido de la CNV el que tienen los animales. Desde su reino animal, claro. Pero no deja de impactarnos cada día la creación de Dios.

Al Creador de la comunicación verbal y no verbal. Entre animales o entre humanos. O entre unos y otros, no se le escapó ningún detalle en los procesos. No deja de sorprendernos y mostrarnos su inmensidad.

Me parece que el ser humano no debería ufanarse tanto de su capacidad comunicacional y de sus portentosos avances tecnológicos. Debería más bien reconocer las proezas de Dios en cada una de ellas y darle todos los honores como el Artífice de la maravillosa creación. De principio a fin.

Muchas veces ellos, los animales, nos dan lecciones de entendimiento, acople, fidelidad marital, amor por el otro, compasión, integridad, responsabilidad paterna, limpieza, precisión y muchos otros valores universales, a partir de la comunicación entre ellos. O de ellos con nosotros.

Existe una diferencia marcada entre la comunicación no verbal (CNV) y la comunicación no oral, porque muchas de las formas de la comunicación verbal no es oral. Por ejemplo la comunicación a través de mensajes escritos. La CNV se conoce como una forma de expresión paralingüística. Por eso cuando hablamos es necesario entender que no solo nos comunicamos con lo que decimos, sino en la forma como lo dice con sus gestos.

En el día a día siempre enviamos mensajes no verbales a las personas con nuestros gestos, señas o miradas que terminan por convertirse en parte de nuestra comunicación hablada, de manera automática y casi que incorporada. Sin darnos cuenta, la CNV la manejamos todo el tiempo como herramienta de supervivencia.

Muchas veces el mensaje hablado no alcanza a comunicar lo que la expresión corporal puede lograr, como un vehículo para afianzar las relaciones entre personas.

Con un adecuado entrenamiento del manejo corporal, se puede lograr seguridad en la comunicación ante situaciones normales o imprevistas. Porque la expresión corporal comunica todo lo que queremos transmitir, con precisión y claridad.

La mirada, por otra parte, es el contacto que permite la conexión. Los ojos son determinantes en el proceso comunicativo.

Es de extrema importancia mirar a las personas cuando hable en público y en diálogos particulares. Es allí donde se logra el clic básico para la empatía.

Cuando realizo los ejercicios prácticos en este punto de mis enseñanzas, las personas aprenden a valorar y concientizar la importancia de conectarse con la mirada de los demás. No es fácil. Pero al final lo logran.

Comenzamos el ejercicio con una primera mirada tipo «paneo». Imaginemos que su mirada es una cámara de televisión, que se desplaza de lado a lado del salón, en movimiento lento. Usted debe mirar uno por uno a los participantes de su comité, junta, conferencia, seminario o clase.

El efecto en el auditorio es impactante. La gente mantiene la expectativa todo el tiempo. El nivel de atención es muy alto, porque las personas están atentas al momento en que usted paseará su mirada entre ellos.

Luego del «paneo», realizamos un ejercicio de «enfoque». Este consiste en enfocar a las personas en diferentes puntos del salón. De esa manera usted asegura la atención aun más. Se queda por unos instantes con la mirada fija en una persona que escoge al azar.

En el momento menos esperado apunta con la mirada hacia otra persona, ubicada en el otro extremo del auditorio. Para realizar esta conexión de enfoque es necesario desarrollar una agilidad especial.

No es tan fácil, pero si lo ejercita presentación tras presentación, podrá conseguirlo. Notará que el efecto producido entre las personas que le escuchan es impresionante.

Todos permanecen alerta, nadie se distrae, porque estarán muy pendientes del momento en que usted se va a abalanzar sobre ellos con su mirada. Además, usted se perfilará como un comunicador dinámico, activo, lleno de energía y no aburrido.

El efecto contrario lo consiguen las personas que no miran a nadie. Porque viven con el paradigma enseñado por años de que la mejor forma de vencer el pánico escénico es no mirar a nadie, sino mirar al fondo del escenario o a las personas por encima de la cabeza.

O lo peor... dicen algunos que para vencer el miedo al público, debe «imaginárselos a todos en calzoncillos». No, ¡qué horror!... La verdad es que en mi caso, solo de imaginármelos en paños menores, me daría un peor pánico escénico. ¡Qué absurdo!

La gente siempre me pregunta aquí: «Entonces, ¿a dónde debe mirar uno?» Y mi respuesta es siempre la siguiente: «Mírelos a los ojos». Ese es el mejor enfoque.

Si son muchas personas en el público y no puede mirarlos a todos, busque iguales puntos de enfoque dentro de la gran masa de personas. Comience desde la primera fila. Luego empiece a enfocar hasta donde le sea posible. Pero por favor, no mire al aire. No utilice una mirada evasiva, que además no le ayudará a conseguir puntos de apoyo tan necesarios para un orador.

Aquí es cuando comparo el ejercicio de la mirada individual con el conocido juego de cartas llamado «Asesino», que se juega mucho en la región de Antioquia, Colombia.

Consiste en que se reparte una carta para cada uno de los asistentes. Y al que le salga el as, ese es el asesino. Acto seguido, tiene que «matar» a todos los demás con un guiño del ojo.

El resto tienen que adivinar quién es el «asesino». Esta persona dentro del juego debe lograr «asesinarlos» a todos, picándoles el ojo —con un guiño discreto—, sin que nadie lo despida. Si logra «asesinarlos» a todos, sin que lo descubran, será el ganador.

Bueno pues, el proceso es igual con la mirada al público. Aunque, claro, no podrá «picarle» el ojo a la gente ¡porque sería muy mal visto! Solo es para que ejercite con este juego la mirada segura y firme que necesita.

La mirada sirve para interactuar y marcar los turnos para hablar en una conversación. Antes de dar una respuesta, solemos desviar la mirada, haciendo ver que vamos a hablar.

La comunicación no verbal necesita ser congruente con la comunicación verbal, para que la comunicación total resulte comprensible y sincera.

En la CNV existe la necesidad de situar cada comportamiento no verbal en su contexto comunicacional.

El empleo de las manos

En la CNV, el empleo de las manos es definitivo. Tanto, que los sordomudos se comunican a través de ellas.

Cuando realizamos los ejercicios de expresión corporal frente a las cámaras en las empresas, encuentro con asombro que la mayoría de las personas no sabe qué hacer con las manos. Unos las guardan en el bolsillo.

Otros las dejan estáticas sobre las piernas; aun otros, simplemente caídas; unos prefieren jugar con el bolígrafo retráctil con nerviosismo generando un ruido ansioso y desesperante para el auditorio.

Algunos las mueven de manera exagerada y brusca. Mientras que otros no las mueven porque son muy tímidos y no quieren sobreactuar. Cualquier movimiento de las manos les parece que los puede llevar al «ridículo».

Mover bien las manos, como expresión de la CNV, puede convencer a un auditorio o perderlo. ¡Míreselas bien! Sus manos son concluyentes en la comunicación hablada.

Por eso no puede desistir en su empeño de hablar bien en cualquier auditorio. Pero eso sí, tiene que saber lo que va a hacer de ahora en adelante con sus benditas manos.

En los ejercicios que enseño, llevo a trabajar a cada uno dentro de un cuadro imaginario. En ese marco, deben meter sus manos y desarrollar muchos ejercicios frente a la cámara, para saber qué hacer con ellas.

Desarrolle usted también el ejercicio. Pinte el marco de un cuadro muy grande, imaginario, frente a usted. Ahora meta las manos allí, dentro del marco, y sus manos van a empezar a funcionar de manera perfecta. O por lo menos con un eje y un soporte central definitivo.

Si quiere verse seguro y con una excelente postura, haga su marco imaginario antes de comenzar y lleve las manos allí para empezar a filmarse frente a una cámara.

Las manos de los hombres conquistan, ¿verdad mujeres? Yo no sé cuál es el discreto encanto que tienen las manos de un hombre para una mujer, pero es en serio que son un elemento de conquista. Porque unas manos de hombre bien empleadas pueden conquistar hasta el más difícil escenario.

Las manos deben ir relajadas, naturales y tranquilas. No trate de esconder el pánico al guardárselas en el bolsillo. Más bien sáquelas de su escondite y comience a convencer con ellas. Son un medidor de seguridad, pero sobre todo de madurez en el mensaje, de capacidad de dominio colectivo y propio.

Es impresionante el cambio, cuando desarrollan ejercicios de práctica y empiezan a mover las manos. Se ven más seguros, directos, atractivos, capaces y confiables. Este es un verdadero cambio extremo.

Las manos le ayudarán a controlar los nervios y el pánico escénico. Y si las emplea bien, se verá absolutamente seguro y con calma, aunque le tiemblen las rodillas. Pero unas manos bien manejadas, son un soporte clave para la comunicación.

El uso de los pies

Los pies son el soporte básico de su comunicación. El manejo que les dé determinará en gran parte el éxito de su fluidez en la presentación.

Desde el primer momento en que el comunicador se para frente al público debe mostrar su seguridad. Y una forma definitiva para verse seguro es estar bien plantado sobre el escenario.

Durante una capacitación a una vicepresidenta de un banco internacional, ella me dijo —después de varias horas de entrenamiento en que yo le hablaba del «flow» [flujo] como parte de su encanto como asesora de valor agregado—: «Y entonces lo de los "pies de plomo al piso", ¿no?»

Y yo casi aterrada le dije: «¡¿Cómo que pies de plomo al piso?!» No podía entender ni siquiera lo que me decía hasta que entendí: una empresa consultora le había enseñado —hacía como veinte años— que debía colocar los pies rígidos y muy estáticos en un solo punto del piso.

Pues no. La idea es la libertad por encima de cualquier otra habilidad, la del «flow».

La postura indicada:
El movimiento

Los movimientos de una persona hablan mucho de su estado emocional. Cada una de las reacciones hacia las personas muestran un comportamiento. Todo ello compone su comunicación no verbal. Por eso los gestos y ademanes de cada persona y toda su comunicación no verbal deben ser congruentes con su comunicación verbal.

Cada gesto que usted haga debe ser cuidado y manejado de tal manera, que se relacione con la «lectura» que quiere dar a la gente como persona.

Si desea proyectarse, por ejemplo, como persona sobria y tranquila, sus gestos no pueden denotar excentricidad y ansiedad compulsiva extravagante.

Al centro y para adentro

Para que una persona pueda vencer de verdad el pánico escénico que le produce hablar en público, o por lo menos para que parezca que lo ha vencido, aunque esté congelado del susto, debe colocarse en el centro del escenario. No arrinconarse con cobardía.

Es lo que yo llamo «al centro y para adentro» con un ademán de determinación de plantarse en el medio de la escena, con mucha seguridad, en posición de valentía, adueñamiento del salón y determinación absoluta.

No importa que le suden las manos, si logra llegar «al centro y para adentro», la gente quedará convencida de que usted es alguien que denota seguridad y mucho temple interior.

«Usted y ¿cuántos más?»

Después de lograr una ubicación central, entonces adopte la postura del «¿Usted y cuántos más?» es decir, que usted está resuelto a ganarle la batalla al pánico.

Para demostrarlo, va a enfrentar en el público al que está al frente y a cuantos sea necesario para conseguirlo. No se transe por menos. La batalla la gana usted.

Pero quiero que no me malentienda. No se trata de que asuma una actitud retadora, odiosa y desafiante. Es cuestión de verse firme y directo, sin titubear ni amedrentarse. Puede sonreír, ser amable y cordial y plantarse en el centro con propiedad única. Ahí está el detalle.

El movimiento en el escenario

Luego de conseguir la posición y el plantaje adecuados, ahora empiece a moverse con tranquilidad en el espacio determinado para su presentación.

En este punto debo detenerme con cuidado. Porque he visto en cientos de participantes a mis talleres que los han entrenado para «moverse», pero no les han dicho cómo. Entonces comienzan a realizar un balanceo compulsivo y ansioso, que marea y pone nerviosa a la gente que lo escucha.

Si se va a mover en la presentación, o en cualquier charla, debe fijarse que sus movimientos no sean bruscos, ni acartonados. Deben ser muy serenos, pero firmes. Como en cámara lenta. Recuerde que los pies son el recurso para sus movimientos y, como ya lo mencionamos, no pueden moverse sin sentido.

La expresión corporal de sus movimientos, denotan seguridad y aplomo, o un nerviosismo que puede hacerlo quedar en ridículo. No lo olvide. Camine con absoluta calma, paso a paso, y no se permita movimientos excesivos.

El empleo del micrófono

Si se trata de un auditorio de más de ochenta personas, en el que ya necesita micrófono, debe bajar el volumen de la voz para que no se oiga gritada su comunicación.

A mí me gusta pedir el micrófono inalámbrico, cuando voy a dar conferencias para grandes auditorios. Y al hablar, trato de bajar el volumen y el tono, a la forma más natural y agradable que pueda.

El manejo del micrófono exige un desenvolvimiento muy seguro de la postura y de la voz. Pida además el apoyo de los encargados del sonido para que le ayuden a controlar el volumen, de acuerdo a su voz.

Realice un breve ensayo previo con el sonido y déjelo organizado con tiempo suficiente, antes de comenzar la conferencia, para que no tenga problemas al iniciarla.

Si se trata de un micrófono con cable, entonces usted debe verificar la distancia correcta para manipularlo. Claro que depende del tipo y calidad de micrófono. Pero por lo general, debe tratar con una distancia prudencial, suficiente para que no se escuche gritada su voz ni se sienta un desagradable golpeteo cuando habla.

Tampoco lo aleje tanto, que nadie le escuche. Debe mantener el micrófono a una distancia prudencial, una que permita que le escuchen, pero sin gritar. Es todo un equilibrio.

Y si prefiere un micrófono con base, entonces debe tener cuidado de no verse un poco rígido. Debe tener la habilidad de moverse un poco para un lado y otro, con los ojos y la cabeza, y ser expresivo con sus manos.

Por eso prefiero que no tenga base, porque no me permite moverme. Pero si el evento lo requiere, debe cerciorarse de que la altura sea la adecuada. Nada peor que un micrófono mal adecuado al tamaño de la persona.

Si es muy alto o muy bajo, se verá empinado o agachado, en forma absurda. Usted sufrirá demasiado y la gente en el auditorio también. Y lo peor, corre el riesgo de que empiecen a burlarse de su situación.

Si el micrófono es de base, y no está bien adecuado a su estatura, no comience a hablar hasta que no lo logre ajustar de manera adecuada a su propio nivel.

TIPOS DE POSTURAS AL ENFRENTAR UN PÚBLICO: LA INFLUENCIA DE LOS TEMORES, LAS INSEGURIDADES Y LAS «TENDENCIAS» CULTURALES

Postura 1. Arrinconado: A la pared

La tendencia a arrinconarse al lado de la pared donde se encuentra la presentación es muy común en los comunicadores cotidianos de las empresas y universidades.

Para despegarse del rincón, debe tomar la determinación de olvidarse un poco de la presentación y pensar más en el público. Debe comenzar a fluir de manera espontánea, y relajarse un poco, hasta sentirse tan cómodo en la escena que se sienta muy desprendido de lo que sabe y se apoye más en lo que usted es.

Postura 2. Pegado: A la mesa o al atril

La tendencia a pegarse a la mesa, muestra inseguridad y pánico. Pero además se torna muy aburrida para el auditorio.

No sé quién inventó que pegarse a la mesa, con las manos apoyadas en ella, es «elegante». No, por favor, esa es una postura mandada a recoger.

La comunicación de hoy exige libertad, sencillez y cero acartonamiento. De manera que si usted se pega a la mesa o al atril parecerá rígido, distante, frío y hasta un poco prepotente.

Apártese de la mesa o del atril y comience a controlar la escena desde su propio centro. El efecto en las personas será excelente. Su público se sentirá mucho más feliz y tranquilo. Y su discurso fluirá mucho mejor.

Postura 3. Sobrado: El centro de atracción

La postura de «sobrado» es opuesta a la de los apegados a la mesa o al atril por inseguridad. Pero esta también genera un efecto contrario al que queremos alcanzar.

Usted debe verse seguro, tranquilo, cálido, amable, pero no tan sobrado. Como sobreactuado. Que parezca tan seguro que ofusque al auditorio.

Trate de mantenerse en la línea del medio, donde no está ni muy pegado a la mesa, ni arrinconado a la pared, pero tampoco dominando tanto el escenario que los asuste a todos y los haga sentir empalagados con su sobredosis de euforia.

Manténgase en el medio, pero sencillo, calmado y agradable, sin ser muy ostentoso y hacer tanta «bulla» que produzca un efecto fastidioso.

Aunque tenga la mejor buena intención, la «actitud positiva» de los motivacionales, puede llegar a ser un poco dudosa, si se excede en ruidos en la comunicación.

Aquí cabe bien el refrán que reza: «Todo exceso es vicioso».

Postura 4. Rígido: Tenso, ceño fruncido

Bueno, pero por tratar de ser muy tranquilo y sobrio, tampoco se vaya para el lado de los rígidos, tensos y de ceño fruncido que quieren demostrar su confiabilidad a punta de mensajes severos, rigurosos y muy estrictos.

No frunza el ceño solo para verse con autoridad y confiable. Usted puede ser amable, sonreír y mantener su dominio de grupo y de sí mismo.

Relájese, disfrute su presentación y permita que todos se deleiten. No se torne tan tenso y rígido que los demás empiecen a sentir más miedo que alegría.

Puede que usted con rigidez consiga amedrentar al público, pero no alcanzará el alto impacto que queremos en los resultados. Y si lo consigue, no será duradero, sino pasajero, y por simple efecto del dominio inadecuado.

Comience a relajar al ceño, a practicar la «sonrisa implícita» y relájese en la escena; verá que la gente comienza a conectarse con usted y con su mensaje a niveles insospechados.

Postura 5. Consentido: Infantil, vocecita

Una postura que me llama mucho la atención y que he descubierto entre los asistentes a las capacitaciones, en especial en las jóvenes, es la postura de niña consentida, infantil, con vocecita de inmadurez, pero que parece estar de moda entre la gente de esa generación. En promedio, las profesionales entre los veintitrés y los treinta años adquieren un tonito de niñas mimadas que debemos erradicar con urgencia, si queremos empoderarlas como mujeres de potencial.

Aunque no es solo en las mujeres, se presenta también en los jóvenes profesionales del género masculino. Aunque no es tan frecuente, también se ve.

Debo confesar siempre, con mucha pena, que por años yo misma formé parte de ese ejército de niñas mimadas. Hablaba con ese tonito consentido e insoportable que tienen las muchachitas «hijas de papi», como yo.

Un día, frente al público, entendí que si quería ser una comunicadora seria y objetiva, desde mi posición de consultora de primer nivel, para gente de alta gerencia y públicos intelectuales, pues no podía seguir con ese ademán desagradable y esa vocecita de niña mimada. Lo que en la costa colombiana llaman «pechichona».

Ninguna de las técnicas de impostación, vocalización, manejo de la voz y del micrófono me servían para nada, ya que el asunto era más de personalidad y modo de ver la vida.

Entonces tuve que desarrollar un serio autoanálisis, pedirle a Dios con todas mis fuerzas que me cambiara y... ¡por fin!, después de todos esos años de esfuerzo frente a cientos de auditorio, lo logré.

Hoy puedo asumir la postura de una consultora seria, dueña de mí misma, empoderada de la escena y con voz de mujer seria, directa y precisa. Con voz segura y madura. Qué delicia.

Lo que siempre sucede, al finalizar cada proceso de desarrollo humano en un banco, entidad o universidad, es impactante: el cambio extremo de las muchachitas consentidas convertidas en todas unas gerentes de alto nivel, seguras, serias, confiables y maduras.

Qué maravillosa forma de empoderar el talento humano. Y de sacarlos de la postura infantil para llevarlos a la edad adulta de la comunicación.

Postura 6. Sobreactuado: Show emocional

Se llama sobreactuado a aquel personaje que siempre quiere impresionar con discursos excesivos en motivación y energía, con ademanes exagerados, gritos, manoteo desaforado y movimientos de actor más que de comunicador.

Siempre digo que cuando uno está en una conferencia o charla, es como si estuviera parado en una tarima de actuación. No es lo mismo estar parado frente a un público que hablar en la sala de la casa o en el pasillo de la empresa con los compañeros.

Es verdad que uno está actuando. Pero lo que no puede hacer es sobreactuar. Así como los mejores actores son los que se ven más naturales, no postizos, como que viven cada escena de manera normal, los mejores comunicadores de hoy son los que se ven más espontáneos, discretos, sin excesos y tranquilos.

Postura 7. Catedrático pesado: Sabelotodo

No soporto ver a un comunicador cotidiano como si tratara de posar de catedrático magistral y profesor sabelotodo. Con un lenguaje difícil, que nadie le entiende, pero con afán de imponer sus conocimientos, este personaje se vuelve pesado e insoportable.

Aunque parezca ser muy respetado, y toda la gente salga del auditorio con palabras de admiración y asombro por todo lo que sabe esa persona y por su estilo tan magistral, la verdad es que si usted le pregunta a los deslumbrados por ese comunicador qué les quedó, dicen: «Mmmm... la verdad...no recuerdo».

De tal manera que la «cátedra» rigurosa y ostentosa con demasiada profundidad puede ahogar al auditorio en un mar de conocimiento. Pero lo que queremos es un río de corrientes deliciosas y cristalinas, donde cada persona reciba las instrucciones de manera sencilla, pero efectiva.

Usted debe ser profundo, pero no pesado. Debe mostrar lo que sabe, pero no tratar de «descrestar» con sus conocimientos. Lo importante es lograr el objetivo propuesto, no impresionar con su enseñanza.

Y en caso de que se trate de una clase, o de una capacitación, de todas maneras, enfóquese más en facilitar la comunicación hablada, que en confundir a sus oyentes con demasiada información técnica, científica, literaria, histórica o matemática.

Por lo que he visto en el entrenamiento que les he dado a importantes y reconocidos maestros de universidades, muchas veces los destacados maestros necesitan altas dosis de entrenamiento en comunicación.

Se enfocan tanto en el tablero y la tiza, que se les olvida lo más importante: los estudiantes. Un educador de hoy, a mi modo de ver, debe ser un excelente comunicador.

Postura 8. Modelo: Poses y pasarela

Otra postura en verdad fastidiosa e insoportable en los escenarios de la comunicación hablada es la de los «modelos» de pasarela.

Usan poses y ademanes tan «fashion» [a la moda] que, aunque hablen de temas serios como finanzas o jurídicos, la gente siempre termina por verlos como los «modelos» de un desfile de modas.

Están más preocupados por su presentación personal, por seducir al auditorio con su belleza, su figura y sus accesorios, que por el contenido de su mensaje.

Para lograr sacarlos de esa postura tan postiza es necesario que realicen ejercicios de naturalidad y sencillez. Concientizarlos de que, a veces, tanto maquillaje y accesorios pueden ser contraproducentes.

Las modas exageradas que utilizan para llamar la atención pueden convertirse en «ruidos» para la comunicación.

Esta es la fórmula de oro para llamar la atención de verdad: «sobrio + cómodo + sencillo = alto impacto». Y no solo en el vestuario que llevará a la presentación, sino en la actitud y la forma de plantarse frente al público.

Aquí cabe perfecto la tendencia del minimalismo aplicada a la comunicación hablada: «Menos es más».

Postura 9. Estático: Paralizado

En el otro extremo de los sobreactuados o los modelos de pasarela, se encuentran los estáticos. Son personas que parecen paralizadas ante el público. Sufren del síndrome de no querer «hacer el ridículo».

Siempre demuestro en los talleres lo que puede pasar si me quedo estática y paralizada por un tiempo mientras hablo. Les pregunto: ¿Cuál es el efecto? Y todos dicen: ¡NO!... ¡terrible! Porque no les gusta que les hable paralizada.

Cuando se habla en público, no es posible quedarse estático. Si los movimientos bruscos son insoportables, también lo es el quedarse paralizado. Produce la misma exasperación y hasta más.

De manera que si usted es de los que se paralizan o se quedan estáticos, debe comenzar a mover los pies, las manos, la mirada... hasta sentir la delicia de comenzar a «danzar» en la escena, como en un delicioso *ballet* sin fin.

TIPOS DE ACTITUDES QUE DETERMINAN LA PRESENTACIÓN

Mucho más que el conocimiento o la calidad del lenguaje, la forma de comportarse en el escenario es definitiva para llegar al público. Existen actitudes negativas y positivas. Veamos algunas.

Actitudes negativas

Actitud 1. Apático: Me da igual

Esta es una actitud que se ha puesto de moda entre los jóvenes hoy en día. Aunque también existe entre los adultos que quieren presumir de prepotentes.

La apatía es un mal generalizado de hoy que debemos combatir con resolución.

Una persona que habla ante un público con esta actitud, no solo se limitará en sus posibilidades y resultados, sino que además dará la impresión de ser un poco grosero y odioso.

Para combatir la apatía lo mejor es resolverse a impulsar el ánimo desde el primer minuto de su comunicación.

Practique la empatía. Es decir, el salirse un poco de sus propios intereses para ubicarse en los de su público. Póngase en los zapatos de ellos. Elimine el egoísmo y el egocentrismo de su posición como expositor y alcanzará los niveles deseados.

Pero con una actitud apática, hasta antipática, nadie llega a ninguna parte.

Actitud 2. Atropellador: Resultados, resultados, resultados

Solo se concentra en el objetivo y esto lo lleva a valorar poco el proceso y las personas.

Actitud 3. Autómata: Lo importante es lo que sé

Esta actitud la asumen los que se centran en el conocimiento. Tanto, que se les nota cómo se olvidan de las personas y del propósito número uno de su comunicación, que es la necesidad del público.

Lo único que le importa al comunicador es demostrar que sabe. Y rellenar de información su presentación, hasta quedar exhausto con todo lo que realizó para conseguir una presentación muy pesada, pero nada conectada con el corazón de él mismo y de la gente que lo escucha.

El autómata habla y habla y habla y ni siquiera se detiene a pensar por un instante si la gente entiende lo que dice. No realiza ningún tipo de diagnóstico individual, no permite la participación y mucho menos la retroalimentación, que es uno de los asuntos más importantes en la comunicación.

Además, usan un tono muy plano. Con una absurda monotonía siguen y siguen sin parar, hasta que completan su material y están seguros de llenar el programa. Pero como autómatas, son incapaces de parar, reflexionar o sensibilizar el tema.

Para esas personas es necesario realizar ejercicios de sensibilización, retroalimentación y calidez, hasta que cambien su automatización por la fluidez propia de una comunicación asertiva.

Actitud 4. Vendedor de plaza: Se le tiene

Una de las actitudes que se ha metido entre los conferencistas motivacionales es la de «vendedores de plaza», esos que quieren convencer a su público con gritos estridentes para que vengan a «comprar» sus productos.

Se saben de memoria la retahíla que deben decir para vender tal o cual producto. Al punto que podría ser mejor tener una grabación y dejarla sonar todo el tiempo.

El «se le tiene» de los vendedores que suelen tener de todo lo que la gente necesita, a precios muy bajos, es perfecto para ellos, porque ese es su objetivo. Son admirables en la forma como persuaden a la gente para que les compren.

Pero ese sistema de vendedor de plaza no es útil para un comunicador cotidiano que debe presentar el informe de resultados del año. Tampoco para un capacitador que quiere llegar a su público con un proceso de aprendizaje continuo, que lo lleve a la reflexión y no a la compra de productos baratos en promoción.

Tampoco a los motivadores, que hablan de importantes temas para el crecimiento personal y el desarrollo del ser, les queda bien este sistema. Lo que pasa es que, como por años muchos lo han utilizado, se tiene la errónea creencia generalizada de que para motivar hay que gritar y generar compulsión en los oyentes.

Por experiencia he podido medir que, una de las mejores formas de motivar a un auditorio es a través de una actitud serena y discreta. Debe ser alegre, llena de pasión, convicción y energía, pero muy relajada, sobria y apacible.

Si consigue el equilibrio entre la presencia de ánimo en la voz y la serenidad, nos encontraremos ante un comunicador de alto impacto. De verdad. No de pura bulla. O como diría un sabroso son cubano: «buchipluma no más».

Actitud 5. Inseguro: ¡Sáquenme de aquí!

Esta actitud es en verdad muy común entre los profesionales y asistentes a mis talleres.

Es impresionante ver cómo un ejecutivo de alto nivel, con posgrado, pasa al frente a realizar su presentación y parece como si su postura, mirada, movimientos, manos, todo su ser, quisiera decir a gritos: «¡Sáquenme de aquí!»

Mantienen una postura ante el público muy tensionada y nerviosa que no les permite a las personas del auditorio entender lo que dicen porque van a toda prisa. El pánico escénico los lleva a acelerar la comunicación y a sentir una ansiedad muy fuerte por salir de la escena a como dé lugar.

Estas personas necesitan con urgencia desarrollar todas las técnicas para mantenerse en el centro del salón, vocalizar, pausar, impostar, mirar a los ojos y, sobre todo, para llevar a las personas a la reflexión.

Solo así logrará que, en medio de su charla, en vez de decir: «¡Sáquenme de aquí!», pueda decir: «Aquí estoy feliz y me siento complacido». Cambio extremo. Parece imposible, pero lo hemos logrado cientos de veces. ¿Por qué no usted? Es cuestión de empoderamiento.

Actitud 6. Egocéntrico: Yo soy el más...

Esta actitud no es tan común, pero cuando aparece genera rechazo inmediato en el auditorio. Al contrario de los asustadizos y tímidos anteriores, estos se sienten tan sobrados que desesperan a su público.

Son egocéntricos insoportables que parecen tener un letrero que dice: «Yo soy el más...» El pánico escénico los lleva a convertirse en actores muy listos, esos que quieren demostrar mucho más de lo que son.

Esta actitud no permite la participación de nadie. Hablan sin parar y cuentan sus propias experiencias y pensamientos sin tener en cuenta para nada lo que piensan, sienten o creen quienes los oyen.

Cuando el ego está en el centro, nada más tiene lugar. Ni la reflexión, ni los reconocimientos y mucho menos la empatía. Pensar en las necesidades de los otros es para ellos un absurdo. Una ridiculez sin sentido.

Para salir de esta postura deben realizar ejercicios de humildad comunicativa. Como permitir a los demás hablar primero que ellos, escucharlos cuando realizan una pregunta, dejar de hablar de sí mismos y concentrarse más en el tema central que en sí mismos.

En la comunicación no verbal necesitan relajar su postura muy estirada y prepotente, arrogante y autosuficiente. Llegar a un punto de equilibrio en el que su apariencia y porte en el escenario sea más sencilla y normal. Para que todos le crean.

Actitud 7. Maquiavélico: Confunde y reinarás

Esta actitud es la que prefiere confundir con todas sus palabras, antes que mostrar debilidad. Su lema favorito (en sentido figurado) es: «confunde y reinarás». Es decir, mantienen al auditorio muy impactado, pero por la confusión de las ideas.

Confundir a sus oyentes con un montón de información técnica y pesada no pasa de ser una fórmula casi que maquiavélica para dominar la escena. Pero es muy poco lo que logra en el entendimiento de las personas.

Estas personas necesitan entrar en la dimensión de la claridad, como su bandera más importante. Por encima de su capacidad de dominio de la escena lo que debe primar es la precisión. Deben convertirse en un facilitador para quienes les escuchan.

Actitud 8. Monótono: Plano, somnífero

Algunos en vez de ser egocéntricos o maquiavélicos, más bien quieren pasar inadvertidos. Por eso asumen una actitud monótona, muy plana, que se convierte en un somnífero para quienes lo oyen.

Pueden pasar horas enteras con ese tono plano que duerme a la gente, pero hay algo que les impide cambiar y lograr una vital presencia de ánimo en la voz. Y no solo en la voz, sino en la actitud.

Para conseguir un cambio, es necesario que practiquen el «up down». Es decir, las subidas y bajadas del tono y de la energía, para mantener a las personas que lo escuchan animadas, motivadas y felices.

Actitud 9. Retahíla: Lección de memoria

La actitud de los que memorizan es siempre la misma. Recitan un discurso aprendido y terminan por repetir una retahíla que es aburrida y de muy bajo nivel comunicacional.

La lección memorizada no sirve para nada porque la gente notará que se trata de una retahíla, pero verán que no está conectado con el corazón, ni siquiera con el tema mismo.

Se siente un mensaje frío, distante, que termina por mirar hacia arriba y para todos los lados, pero sin lograr conexión con las personas.

Porque mientras dicen su recitación memorizada de los productos, no logran enfocarse en lo que requieren las personas, sino lo que ellos mismos necesitan.

Para salir de este esquema es necesario que esas personas comiencen a fluir en una actitud más auténtica, espontánea, que no esté pegada a la memoria, sino al concepto central. Deben permitir sin miedo la fluidez de sus ideas y sentimientos.

Cuando lo consigan, verán el efecto impresionante en el público. Pero también podrán ver el resultado en ellos mismos y en su propia imagen.

Actitud 10. Prepotente: Insoportable

La prepotencia es uno de los antivalores que hemos enfrentado en algunas de las entidades y universidades donde capacito a los ejecutivos y estudiantes egresados.

Estas personas asumen unas posturas de insoportable arrogancia y soberbia. Al hablar se muestran superiores a los demás y hacen sentir a los demás inferiores.

Su mirada siempre está por encima del hombro. Sus palabras suenan un poco ofensivas y hasta hirientes. Parece que utilizan a las personas para conseguir sus fines, pero no las tienen en cuenta, sino que las ignoran.

Hacen sentir a la gente como si les debieran un favor por dirigirse a ellos. Quienes los escuchan se sienten intimidados y hasta asustados, por la forma en que les hablan.

Esas personas necesitan bajarle a la actitud prepotente y entrar en una postura más amable, cálida y sencilla. Sin tantas pretensiones. Porque lo que he visto es que, por lo general, manejan el pánico con sus ínfulas, pero lo que tienen no es más que inseguridad y hasta complejos de inferioridad.

Deben basar su seguridad no en la amenaza y la coacción, sino en la gentileza con las personas. Se darán cuenta de que se volverán mucho más asertivos y conseguirán muchos más resultados.

Actitud 11. Sobreactuado: Show-tarima

La actitud del «show» en una presentación está mandada a recoger. Los que gritan como presentadores de espectáculo ya no persuaden a nadie. Aunque por mucho tiempo estuvieron de moda y llegaron a convencer, hoy la gente busca otra cosa.

Los sobreactuados que salen con una megasonrisa y las manos arriba, con ademanes de victoria, ya no funcionan para mensajes en los que se pretende dejar resultados prácticos.

La euforia desmedida termina por irritar a los oyentes. Se vuelve fastidiosa. Por eso los grandes conferencistas de hoy, los mejores oradores y los más exitosos políticos son mucho más discretos, sobrios, tranquilos. Un poco más naturales.

Lo que está comprobado es que la gente se identifica mucho más con alguien «normal», que se parece a ellos, y no con alguien que está muy distante y se siente tan arriba —montado en su «tarima»— que no alcanza a conectarse con sus necesidades y sus sueños.

Las personas con esta actitud sobreactuada y tan espectacular, necesitan entrar con sencillez a sus presentaciones, bajar el volumen y comenzar a hablar en un tono más sencillo y natural. Claro, sin perder el ánimo y la asertividad, pero mucho más conectados con la realidad de los oyentes.

Además ellos mismos se sentirán mucho más cómodos porque no tendrán que desgastarse con tanta adrenalina y tanto esfuerzo sobrehumano. Se verán mucho menos intensos y extralimitados. Comenzarán a percibir unos resultados de largo plazo, no de explosión pasajera.

Actitud 12. Intimidante: Ceja alzada

La actitud de los que intimidan hace que el ambiente se vuelva tenso e insoportable.

A veces sin hablar, sin decir nada, tan solo con arquear la ceja, con un carraspeo en la garganta o una mirada, logran anular a las personas y hacerlas sentir disminuidas e incapaces.

Es impresionante cómo ejerce la actitud de la prepotencia una especie de poder de control sobre los auditorios, a tal nivel que todo el «clima» de la conversación se vuelve temeroso y las personas por dentro están llenas de miedo, pero no saben ni por qué.

La intimidación llega al punto de bloquear a las personas del auditorio. Las anula y les baja la autoestima. Sienten temor de levantar la mano, participar u opinar.

Temen que el comunicador intimidante que está en frente asuma una reacción tan hostil ante su participación que prefieren quedarse callados, aunque por dentro sientan la necesidad de colocar sobre la mesa sus ideas y sus valiosos aportes.

Los que asumen la actitud intimidante necesitan ante todo reconocerla, porque por lo general no se dan cuenta de manera clara del efecto que causan en las personas.

Por eso es necesario que primero se concienticen de su actitud. Luego sensibilicen las necesidades de atención y reconocimiento de los demás. De esa manera lograrán resultados mucho mayores que los logrados hasta el momento a punta de intimidación.

Si desarrollan el «músculo» de la empatía, comenzarán a colocarse en los zapatos del público y su nivel de conexión los sorprenderá.

Actitudes positivas

Actitud 1. Propositivo: Vamos

La comunicación propositiva se relaciona con una buena actitud crítica y creativa. Plantea opciones y alternativas para solucionar los diferentes problemas suscitados por una situación.

La persona con una actitud propositiva siempre habla a partir de lo positivo, no de lo negativo. Es la que ve el vaso siempre medio lleno y no medio vacío.

Aunque mantiene el equilibrio de la asertividad, entre no ser pasivo, ni agresivo, sabe pararse firme en sus propuestas, las que aportan transformación y desarrollo en las personas y las entidades.

Sabe hablar desde el lado inteligente de la comunicación, la que menciona lo positivo y no lo negativo. Sabe confrontar sin perder la razón. Porque prefiere la relación que su propia razón.

Aunque la palabra «propositivo» no aparece en el diccionario, es un concepto que se ha vuelto muy usual a nivel organizacional. Está asociado con la asertividad y el emprendimiento.

Una persona propositiva en su comunicación hablada está asociada con el coraje, la pasión, la proactividad, la innovación y todos los valores corporativos que se requieren a nivel empresarial, universitario, gubernamental y hasta familiar.

Actitud 2. Dirigido: Personas, personas, personas

La persona bien enfocada, siempre dirige sus mensajes hacia otros individuos, no hacia sus propios intereses. Si lo más importante son las personas que están frente a usted, podrá ser mucho más propositivo y asertivo.

Cuando la comunicación es dirigida a las personas, sus intereses, sueños, necesidades, todo cambia en los niveles de empatía. Con ello logrará mantener la atención de principio a fin y nunca será plano ni aburrido, sino interesante.

Se nota de inmediato cuando un individuo está enfocado en las personas y no en el resultado financiero, ni en la rentabilidad que le pueden producir.

Cuando las personas que le escuchan saben que son valoradas y que de verdad son importantes para usted, todo el efecto de la comunicación cambia.

Actitud 3. Enfocado: Lo que soy, no lo que sé

Por mucho tiempo he escuchado presentadores más enfocados en lo que saben que en lo que son. Y llevan a las personas a enfocarse en lo que ellos mismos están enfocados en forma casi obsesiva y compulsiva.

Lo que usted sabe, hace o tiene, no determina lo que es. Por eso los que tienen una actitud correcta se comunican a partir del ser interior, por lo que logran conectar las emociones con el conocimiento y con las acciones.

Son personas consecuentes. Les importa el saber, pero no se desconectan del ser. Ni intentan desconectar a quienes los escuchan.

Y en el nivel más alto, logran enfocarse en el ser de las personas que les escuchan, más que en su entendimiento o su razonamiento. De una manera impresionante permiten que la comunicación se vuelva importante para la vida de cada persona, no solo para el trabajo o la educación.

Actitud 4. Empático: Con la necesidad del otro

Quienes manejan una actitud empática en la comunicación, saben escuchar la mirada de su público.

La empatía es la identificación mental y afectiva de una persona con el estado de ánimo de otra. También se conoce como inteligencia relacional.

Por eso esta actitud es determinante para lograr una comunicación de alto impacto.

Si al hablar no se identifica con el estado de ánimo de las personas que lo escuchan, su mensaje no pasará de ser más que una información fría.

Pero los que manejan la comunicación empática desarrollan una escucha dinámica, sensible, humanizada, que llega mucho más lejos de lo imaginado y supera siempre las expectativas del público y hasta las propias.

Actitud 5. Servicio: Siempre dispuesto

Quien comunica con una actitud de servicio a su público busca siempre satisfacer sus necesidades y dar respuesta a sus inquietudes. Su postura en medio del auditorio es siempre dispuesta.

La disposición a servir, a ayudar, a colaborar con las metas de quienes le escuchan, determinará la respuesta que obtenga de quienes lo oyen.

En este sentido, la calidez es determinante. Porque la relación afecto-efecto, logra los mejores resultados en las demás relaciones. Y tiene todo que ver con la predisposición a ser útil para las personas.

Actitud 6. Facilitador: Que todo fluya

La actitud del facilitador permite que todo fluya sin problemas en cada uno de los procesos comunicacionales que dirige.

Maneja un lenguaje sencillo y fluido con el único interés de permitir que todos reciban el mensaje en forma franca y clara. Su única meta es que todos entiendan y reciban el mensaje sin complicaciones.

En cuanto a la logística, siempre buscan facilitar los materiales, las enseñanzas y hasta el café. Envían por correo los recordatorios y contactan a las personas para confirmar la asistencia.

Si aparece algún problema en medio de la presentación, el facilitador tiene la actitud pronta para resolverlo en forma inmediata. Siempre trae, entre la maleta, las herramientas para solucionarlo todo.

Los facilitadores cuentan con el don impresionante de simplificar los programas, los diálogos, las situaciones. Luego recogen los resultados, también de manera fácil. Así de sencillo.

Actitud 7. Sencillo: Claridad ante todo

La actitud de los sencillos es la de los que comunican sin tanto ruido ni aspavientos. Por encima de todo les importa que la presentación sea moderada y modesta.

Son los que, cuando hablan en público, no se preocupan por presentar su hoja de vida llena de cargos y títulos, tampoco sus altos cargos y relaciones. Por lo general prefieren pasar casi inadvertidos.

Prefieren ser prudentes antes que estridentes. No se exceden con nada. Y les molesta todo lo que se salga de su cómodo ambiente de delicada sencillez.

Insistiré siempre en que, para mí, la sencillez es un termómetro de la madurez en la comunicación.

Me impresiona mucho ver que, entre más sabe una persona, entre más conocimiento tiene, entre más estudiada y preparada, es mucho más sencilla.

Porque los que tienen la actitud de la sencillez son tan inteligentes que siempre saben que les falta mucho más. Siempre tienen una actitud de aprendizaje continuo y se sienten aprendices de por vida.

Cuando se les pregunta por todo lo que saben, contestan con sencillez absoluta, sin ninguna otra pretensión que edificar al auditorio con su ejemplo de tranquila sabiduría.

Actitud 8. Humilde: Reconoce su error

Reconocer el error es una de las formas más claras de la humildad en la comunicación hablada.

Pero no es la única. Siempre digo que la humildad se mide desde tres perspectivas:

- Reconocer con madurez que me equivoqué.
- Reconocer con gallardía cuando alguien hace algo bien.
- Reconocer con sencillez cuando yo lo hago bien.

Quien cuenta con humildad comunicativa responde: «No sé», cuando le preguntan algo en medio de un auditorio. No inventa respuestas por mostrar que lo sabe todo. Pero con toda la transparencia afirma: «No sé... sin embargo, lo averiguaré para darle la respuesta adecuada».

La humildad es una actitud que recoge resultados enormes, ya que es muy agradable para el auditorio. Pero debe quedar claro aquí que la humildad no tiene que ver con pobretearse ni con hablar con sentimientos de inferioridad.

Se puede demostrar conocimiento con humildad. Se puede hablar con asertividad, seguridad, persuasión y mucha fuerza, y a la vez con actitud de humildad.

Debemos romper el paradigma de pensar que ser humilde es ser un tonto sin autoridad. La palabra humildad, se define por el *Diccionario de la lengua española de la Real Academia Española* como:

> (Del latín *humilĭtas*) Virtud que consiste en el conocimiento de las propias limitaciones y debilidades y en obrar de acuerdo con este conocimiento.

Si analizamos la actitud de la mayoría de los más grandes comunicadores de la historia, veremos que presentaron sus mensajes con una gran dosis de autoridad y firmeza, pero con una gran sombrilla de humildad que los protegía de sus propios egos.

La misma humildad los llevó a dejar de pensar en agradarse a sí mismos para entrar en el reconocimiento de los demás.

Jesucristo dijo: «Aprendan de mí, pues yo soy apacible y humilde de corazón, y encontrarán descanso para su alma» (Mateo 11.29). Y la verdad, creo que nada produce más descanso a la comunicación, al comunicador y a la audiencia, que la humildad.

Hablo desde mi posición de humilde comunicadora.

Actitud 9. Agradecido: Reconoce la oportunidad

La actitud agradecida produce un ambiente grato. Es la de aquellos que inician y terminan su presentación con un mensaje de reconocimiento a las personas que hicieron posible su presencia en el lugar.

Estas personas cuentan con un especial toque de gracia frente al auditorio, que termina amándolos sin saber por qué. El secreto que ellos conocen es el poder de la gratitud.

Los que agradecen cuentan con el aval de las directivas, se paran tres escalones más arriba del común y son más inteligentes, porque saben que cuando siembran con gracias, recogen también reconocimiento.

No se trata de hacer una larga lista de personas a las que les quiere dar las gracias, la que se vuelve aburrida e insoportable.

Esta es una actitud que sale del corazón. No es una habilidad técnica. Ni manipuladora.

Es una capacidad emparentada con la ternura y la bondad.

Si una persona da gracias, tiene gracia.

Actitud 10. Pasión: Con ganas

En los últimos tiempos he escuchado hablar de pasión en todas sus formas, colores y sabores. Pero es verdad que uno de los factores con los que se puede medir la actitud de una persona es la pasión que le imprime a su comunicación.

Cuando la actitud es apasionada, la persona brilla con luz propia. Vive cada cosa que habla. Se siente tan real que puede ser demasiado persuasiva.

Al medir el potencial de las personas como profesionales, este componente de la pasión es determinante. Son los que muestran ganas de ganar, de conquistar, de triunfar... de vivir.

Su actitud es contagiosa, vibrante, animada, poderosa. La pasión es parte de su personalidad y de su encanto. La gente quiere seguirlos e imitarlos porque persuaden por su entusiasmo contagioso.

Amo cuando dicen que «Colombia es pasión». Me parece una excelente definición del país más bello del mundo.

Solo por la pasión por la vida se puede entender que un país que ha sufrido tanto y ha enfrentado con valentía tantos conflictos, puede levantarse con fuerza ante todos los embates de la violencia.

Pero me gusta más cuando me dicen que transmito pasión y mucha energía en mi comunicación. Ese es el mejor cumplido. Para mí, la comunicación es pasión.

Actitud 11. Coraje: Con valentía

Pararse frente a un escenario requiere una tremenda valentía, un coraje suficiente para expresar las ideas sin que le tiemble la voz a uno.

Pero creo que el estilo de los corajudos es mucho más que valentía interior, es una postura ante la vida muy diferente a la de todos los demás. Porque poseen una virtud que se llama denuedo. Es decir, no les tiembla la voz.

Es a partir de una comunicación denodada que una persona logra persuadir a la gente. De los pusilánimes no se ha escrito nada. Y cuando se escribe, es para criticarlos o para darles la carta de despido.

En Colombia tenemos una expresión común —un tanto grosera y me disculpan la expresión—. Se llama «verraquera». Se usa cuando alguien muestra arrojo, valentía, capacidad de persistencia, que no se deja amedrentar por los problemas ni los obstáculos de la vida con facilidad.

Bueno pues, creo que la mejor forma de traducir ese término es: coraje. Y en la comunicación hablada es determinante el coraje, para demostrar denuedo, firmeza en la voz, pero también en los pies, en las manos, en la mirada y en la sonrisa.

El coraje le permite a una persona en su comunicación cotidiana —no solo en los auditorios— ser muy asertiva para decir las cosas en el momento oportuno y de la manera adecuada, sin que le dé miedo ni le importe el qué dirán.

Sin coraje, la comunicación es cobarde y pálida. Con coraje, la expresión oral muestra una actitud de fe, firmeza y confianza que impacta a los oyentes.

Actitud 12. Innovación: Con valor agregado

No basta que lo que usted habla sea valiente, humilde, seguro, tranquilo, persuasivo, asertivo y propositivo... necesita ser innovador.

La innovación le permitirá mantener una actitud de competitividad y crecimiento sano, a partir del ingenio para traer ideas, conceptos, dinámicas, materiales, procesos, programas... todo nuevo.

Hoy en día se habla mucho de innovación como valor, como competencia y como solución estratégica para ganarle todas las batallas a la competencia.

En el libro *La estrategia del océano azul*, formulado por W. Chan Kim y Renée Mauborgne,[1] se habla de la necesidad de dejar a un lado la competencia destructiva entre las empresas si se quiere ser ganador en el futuro, ampliando los horizontes del mercado y generando valor a través de la innovación.

Los autores se valen de un símil para diferenciar las dos situaciones competitivas más habituales en cualquier tipo de industria: los océanos rojos y los océanos azules.

Los océanos rojos representan todas las industrias que existen en la actualidad, mientras que los azules simbolizan las ideas de negocios hoy por hoy desconocidas.

La comunicación innovadora logra resultados en el negocio sin necesidad de competir en forma absurda y desleal. Impacta con nuevas ideas, propuestas, transmitidas desde la originalidad refrescante.

Para innovar la comunicación es necesario romper los esquemas manejados durante años en las presentaciones. Renovar la forma de pensar, larga y pesada, para pasar a un estilo ágil, directo, sencillo, que no canse ni desespere al oyente.

La innovación en las presentaciones se logra con un cambio en la forma de estructurar las ideas. Recuerde que puede escribir su informe, análisis, programa o cualquiera que sea el género, en Word y luego pasarlo a PowerPoint.

Entregue la información de su trabajo en un anexo en el que pueda incluir todos los cuadros y cifras necesarias. No los incluya en las diapositivas de la presentación, ya que usted mismo se enredará y la gente lo percibirá confundido.

Todo lo que reste claridad, elimínelo. Todo lo que no facilite la comunicación, déjelo a un lado. Entonces sí podrá comenzar a aplicar elementos innovadores, imágenes, frases contundentes que le darán valor agregado a su presentación y alto impacto a su comunicación.

Innovación, innovación, innovación, esa es la clave de hoy para el alto impacto. Vuélvala parte de su actitud, de su estilo, de su forma de ser como comunicador. Es genial.

CAPÍTULO 12

Perfiles personales

Manejo de la imagen del presentador
Claves para alcanzar su propio estilo como orador desde su perfil:
    Personalidad, temperamento, carácter y trasfondo
Perfiles personales aplicados a la comunicación
- Cálido; entusiasta; sanguíneo
- Directo; práctico; colérico
- Analítico; perfeccionista; melancólico
- Diplomático; tranquilo; flemático

El estilo personal como buen presentador, orador y comunicador, no se puede identificar sino desde su propio perfil. Desde su esencia particular como persona.

Una de las debilidades de quienes transmiten mensajes día a día en las entidades y universidades, es tratar de imitar a aquellas personas íconos de la comunicación en los medios. O en la misma organización.

Quieren ser como aquellos que cautivan a todos con su comunicación encantadora. O con los que demuestran mucha confiabilidad por su forma de hablar muy asertiva y firme.

Por eso muchas veces las personas no logran transmitir lo que quieren. No se conectan con su público. Porque no son ellos mismos en la escena.

Lo que uno comunica en medio de un escenario es lo que uno es. Desde su propio perfil. Ese diferencial que usted tiene como persona, esas características con las que nació son las que deben brillar frente al auditorio.

Pero creo que la dificultad radica en que no conocemos aún cuál es nuestro temperamento ni cuál es nuestro perfil verdadero.

El padre de la medicina, Hipócrates, habló de la temperatura interior de las personas, para clasificarlas en cuatro tipos básicos: sanguíneo, colérico, melancólico y flemático.

De esa clasificación (tal como lo mencioné en el primer libro de esta serie, sobre comunicación escrita), surgen hoy en día todas las mediciones y diagnósticos para descifrar la forma de ser del factor humano.

Daniel Goleman en sus libros de inteligencia emocional, dice que esta consiste en autoconocimiento, autorregulación y autocontrol.

Si aplicamos esos principios a la comunicación hablada, podemos decir que no será posible autorregular ni autocontrolar mi comunicación hablada si no tengo primero un autoconocimiento de cómo soy en mi forma de ser.

Conocer los perfiles y temperamentos permite no solo conocerse a sí mismo, sino crecer en las relaciones con las personas. También entenderlas y valorarlas, tal como son.

El autoconocimiento nos lleva a entender cuáles son nuestras debilidades y fortalezas como comunicadores.

Después de aplicar la medición del temperamento, las personas logran conectarse con la gente, a partir de su esencia interior y no desde unas técnicas comunicacionales efectivas.

Por eso es relevante estudiar los cuatro perfiles, aplicados a la comunicación hablada. Ya que de acuerdo a su temperamento será su estilo como comunicador.

En los cuadrantes de la próxima gráfica podemos apreciar los cuatro perfiles básicos y sus características fundamentales en cuanto a la comunicación hablada.

Si los analiza, usted mismo comenzará a identificarse con uno de ellos. Tal vez puede presentar mayor porcentaje de uno que prevalece, pero es posible mostrar algunos matices de otro.

1. Cálido	2. Directo
Efusivo	Objetivo
Entusiasta	Práctico
Superextrovertido	Extrovertido
Original	Concreto
Sanguíneo	*Colérico*

3. Analítico	4. Diplomático
Perfeccionista	Tranquilo
Discreto	Centrado
Introvertido	Superintrovertido
Excelente	Amable
Melancólico	*Flemático*

Figura 2: Perfiles personales aplicados a la comunicación

PERFIL 1: CÁLIDO; ENTUSIASTA; SANGUÍNEO

Fortalezas

El comunicador sanguíneo es reconocido por su efusividad, energía y ánimo en el escenario. No padece el problema del pánico escénico, porque le encanta estar en el centro de la escena.

Cuando comienza a hablar, encanta a su auditorio y muestra su mayor virtud: la calidez. Cuenta con una energía y un ánimo muy altos que contagian a las personas.

Como su mayor fortaleza son las relaciones públicas, puede persuadir con facilidad. Por esa razón es un excelente comerciante. Por lo general lo llaman para representar a la empresa en las presentaciones que requieren de un comunicador seguro.

Su interés en agradar siempre a las personas que lo escuchan lo convierte en una persona muy simpática, capaz de cautivar al público con facilidad.

Siempre mira el lado positivo de la comunicación. Por eso es uno de los mejores motivadores.

Pero su principal virtud es la de buscar siempre la originalidad, lo que lo lleva a presentarse siempre como un comunicador innovador, que genera mucho valor agregado y muestra los «plus» necesarios para convencer de manera muy asertiva y persuasiva.

Su presentación personal siempre es muy atractiva. Suele ser encantador, fascinante y llamativo. Por lo general trata de vestirse con atuendos impresionantes. Sabe utilizar accesorios sugestivos. Le gustan la moda y los trajes que destaquen su notoria simpatía.

Debilidades

Aunque se presenta muy seguro y convencido en el escenario, el comunicador sanguíneo muestra debilidad en el ordenamiento de las ideas. Comienza un tema y puede empezar dos y tres a la vez.

Otra de sus debilidades más claras es la falta de concreción. Como le gusta hablar y comunicarse, no le parece fácil concretarse, ser específico ni sintetizar.

Su fortaleza en cuanto a ser alegre y optimista puede convertirse en su peor debilidad en la comunicación, ya que tiende a excederse. Esto genera resistencia en algunos de sus oyentes, que prefieren una comunicación hablada más relajada, equilibrada y objetiva.

También es debilidad propia de este perfil acelerarse demasiado y hablar muy rápido. No solo se agota por su nivel de intensidad, sino que genera un clima de ansiedad y estrés en el ambiente de su comunicación hablada.

Necesita

1. Manejar un mapa de ideas muy puntual, que le dé el marco claro para no extenderse tanto.
2. Ser específico con las afirmaciones y no perder el enfoque del objetivo central de su mensaje.
3. Escuchar a las personas en el auditorio y permitir que participen.
4. Cuidar el exceso de efusividad y entusiasmo en su expresión corporal. Manejar el aplomo.
5. Evitar las exageraciones, buscar un punto de equilibrio dirigido hacia el aplomo y la postura más serena.

PERFIL 2: DIRECTO; PRÁCTICO; COLÉRICO

Fortalezas

Este perfil se caracteriza por ser directo y concreto. No le interesa agradar a las personas sino llegar al objetivo. Por eso consigue resultados prácticos y alcanza la efectividad de todo lo que dice.

El comunicador de temperamento colérico muestra liderazgo determinado. Sabe lo que quiere y tiene claro a dónde va con su discurso.

Si tiene una presentación en video, trata de cumplir con el material preparado de la manera más rápida y funcional posible. No le interesa desgastarse en la conexión con las personas, ya que lo que le interesa es el resultado en la rentabilidad y el retorno de la inversión.

Habla de manera muy firme. No es el más cálido, pero sí es extrovertido. Por su capacidad de atraer en forma determinada, su discurso es muy contundente.

Es puntual y directo. Va al grano de una vez, sin rodeos. Todo lo que implique frases románticas, afectivas, adornadas o humorísticas, le parecen absurdas y hasta ridículas.

Para él, todo lo que le reste pragmatismo a su comunicación hablada hay que eliminarlo. En ese sentido, su lema favorito es «lo que no sirve, que no estorbe». Y punto. Gústele a quien le guste.

Su comunicación consigue que las personas se enfoquen en iniciar tareas y trabajos que aportan nuevos resultados a la empresa, el grupo de amigos, la familia o la pareja. Cualquiera que sea el escenario, su mayor virtud en la comunicación hablada es ser muy productivo.

Todo lo que se interponga a su objetivo lo elimina sin problemas ni rodeos. Busca soluciones inmediatas y funcionales. Por eso su comunicación siempre consigue respuestas inmediatas que conducen a acciones útiles.

Su presentación personal no muestra destacado interés por llamar la atención. Prefiere los atuendos prácticos y de rigor antes que los llamativos y escandalosos. No le gustan los accesorios que lo hagan sentirse un tanto «ridículo». Pero de todas maneras sabe que llama la atención, por su porte regio e imponente.

Debilidades

Por todas las fortalezas que presenta en su carácter, el perfil del colérico parece ser muy rígido, lejano, distante y hasta un poco tosco y rudo.

Cuando habla, muchas veces la gente piensa que la está regañando. Ya que comienza su presentación con una confrontación muy severa para que apaguen el celular o sigan al pie de la letra cualquiera de las instrucciones necesarias para el cumplimiento logístico.

Como no es su prioridad agradar a las personas, sino conseguir resultados inmediatos, muchas veces parece que tratara de ofenderlas y ser un tanto tosco. Aunque su buena intención es conseguir resultados y llevarlos a la meta.

Otro de sus faltantes es la calidez. Le cuesta trabajo sonreír, ser amable y conectarse por medio de la empatía con las personas. Pensar en sus necesidades no es lo que más le importa.

Cuando habla marca un tono muy determinado y decidido, que no consiente a nadie, sino que más bien los lleva con firmeza a conseguir resultados.

Necesita

1. Cambiar el tono imperativo por uno más sugerido.
2. Entender que la amabilidad no es contraria a la autoridad y que se puede ser líder con gentileza.
3. Desechar la obstinación que lo caracteriza y que le lleva a imponer sus ideas por encima de todo.
4. Direccionar su comunicación hacia las personas más que hacia sus propios objetivos, por buenos que sean.
5. Bajarle un poco al tono áspero que le da énfasis a los finales de las palabras, de tal manera que parece como si regañara al público, aunque no sea esa su intención.

Perfil 3: Analítico; perfeccionista; melancólico

Fortalezas

Las personas con este perfil son valoradas como muy confiables. No se exceden en nada. Se muestran capaces de manejar cualquier auditorio con excelencia absoluta.

Su comunicación es prudente, mesurada y destacada por el análisis profundo, con una inteligencia aplomada, serena, pero con un sentido de criticidad muy hondo que lleva a las personas a la reflexión.

Si muestra una presentación en video, se esmera porque sea muy detallada y bien realizada. No le gusta nada que no sea óptimo.

Su presentación personal es sobria e impecable. La combinación de cada uno de los detalles en los accesorios es armoniosa. Los pliegues de sus camisas y pantalones son siempre juiciosos. El peinado es ordenado. Impacta por una estética muy pulcra y limpia, aunque discreta.

Debilidades

Su perfeccionismo, que es su mayor fortaleza, termina por convertirse en su principal debilidad. Muchas veces dejan incluso de comunicar algo, con tal de no exponerse a la falta de excelencia.

Se vuelven muy exigentes consigo mismos y con las personas que los rodean. Su capacidad de crítica también se revierte en un defecto fatal, porque no muestran la capacidad de ver el vaso medio lleno, sino medio vacío.

En ese sentido, les cuesta trabajo entrar en la dimensión de la comunicación propositiva, que le apunta más a lo positivo, ya que por lo general tienden a destacar más lo negativo.

También los debilita un poco el manejo del pánico escénico. Porque no se sienten tan cómodos en el escenario. Son más bien tímidos e introvertidos. Prefieren el análisis silencioso y concentrado que la exposición al auditorio.

Por eso si no practican las herramientas para una comunicación asertiva pueden perder muchos puntos en el escenario, pues su temor al público los disminuye, los lleva a bloquear la comunicación hablada.

Necesita

1. Entender que «lo óptimo es enemigo de lo bueno» y que vale la pena apostarle a una comunicación menos exigente y a un perfeccionismo menos rígido.
2. Bajarle a la crítica excesiva que los hace ver un poco negativos y pesimistas. Con un poco más de positivismo entrarán en una conexión más cercana con el auditorio.
3. Entrenar mucho más en el escenario hasta que logre combatir el pánico escénico y la timidez.
4. Enfocarse más en las personas que en la excelencia de su presentación.
5. No enfocarse en memorizar su mensaje, sino en permitir un poco más la fluidez del mismo. Darle lugar a la espontaneidad y a la improvisación, lo que le permitirá demostrar su capacidad de inspiración.

Perfil 4. Diplomático; tranquilo; flemático

Fortalezas

Este perfil es el más tranquilo, introvertido y centrado de todos. Cuenta con una capacidad impresionante para socializar. Por lo general son muy amables; en el sentido exacto de la palabra, se hacen amar.

Son las personas que todo el mundo aprecia, tanto que los llaman «buenas personas». Su comunicación es diplomática, pacificadora y siempre gentil.

Son los más tímidos e introvertidos en la expresión oral. Como no dejan ver sus sentimientos ni pensamientos con facilidad, la expresividad no es una de sus mayores virtudes.

Se destacan por ser más bien figuras secundarias en medio del escenario.

Una de sus principales fortalezas es la impresionante capacidad humorística (o chispa) que los acompaña siempre. No hablan mucho, pero cuando dicen algo, suele ser muy divertido e ingenioso.

Su presentación personal es más bien relajada, tranquila, sin ninguna pretensión de elegancia ni brillos llamativos.

Prefieren la comodidad ante todo. Les gustan los tonos neutros y si tienen que repetir un vestido para el mismo público, no les importa. Cuando se visten de gala, guardan la tendencia hacia un estilo muy inglés, distinguido pero más bien sobrio.

Debilidades

Por su excesiva introversión, los flemáticos se aprecian como personas frías, que no muestran emociones ni logran conexión en la comunicación con las personas. Se ven más bien distantes.

Los acompaña una actitud un tanto conformista y poco animada que le resta puntos en su mensaje, ya que parece que fuera falta de interés o valoración por las personas.

Cuando se paran en el escenario, tienden a pegarse a la mesa, al atril o a la pared, guardan las manos en los bolsillos y bajan el volumen, porque no se sienten cómodos con la exposición al público.

Son muy buenos para hablar con grupos pequeños, ya que son bastante asertivos, saben afirmar con propiedad, pero si se dirigen a un público de más de diez personas, el temor los empieza a controlar y tienden a bloquear las ideas.

Por lo general son personas dulces y tranquilas, que saben comportarse con clase en cualquier lugar, sea con públicos o con grupos pequeños.

Cuando defienden una idea, a veces muestran una terquedad absoluta, inamovible, que no permite opciones. Si se sienten cómodos y tranquilos, no les gusta cambiar por nuevas figuras comunicacionales.

Por eso las habilidades de la innovación, el emprendimiento y la pasión no están muy cercanas a sus afectos. Prefieren lo tradicional y, por encima de todo, lo que no implique riesgos, ni nada que los saque de su confort en cuanto a su comunicación hablada.

Necesita

1. Darle un poco más de «up down» (subidas y bajadas que conecten con la emoción) a su comunicación hablada, para no verse monótonos y planos.
2. Manejar el escenario con mayor dominio y volverlo un lugar cómodo para que pueda desarrollar toda su brillante inteligencia.
3. Forzarse un poco a desarrollar presentaciones con una actitud de emprendimiento más decidida.
4. Elevar el volumen y tono de su voz para mostrar un poco más de ánimo cuando habla.
5. Mirar a las personas en el clic del uno al uno, para no verse frío y distante sino cálido y empático. Hacer uso de su «chispa» humorística podría ser una buena fórmula para derretir el hielo.

Testimonios y evaluaciones

Esta es la selección de algunas observaciones y calificaciones obtenidas al finalizar los procesos de aprendizaje para el desarrollo de habilidades y competencias comunicacionales, dirigidos por la consultora Sonia González A. Los nombres de los participantes y las empresas se mantendrán en reserva por razones de confidencialidad.

—Excelente taller y consultora. Un cambio total. Fue una experiencia única, muy dinámica.

—Aprendimos de una manera fácil y dinámica técnicas para mejorar nuestra forma de presentar frente a una audiencia. Excelente método de enseñanza.

—Excelente taller para el desarrollo profesional y personal. Me encantó tanto la forma como el fondo. Lo recomiendo.

—La charla fue muy didáctica y súper enriquecedora.

—La forma de aprender es muy vivencial, y desde el interior de cada uno, para que sin perder la esencia, se mejore en todo sentido.

—El programa es excelente, lo recomiendo para todos los funcionarios del banco.

—Las vivencias de este taller me dejaron enseñanzas útiles. Las actividades lúdicas y dinámicas caracterizaron esos días. Estoy convencida de la utilidad de las herramientas aprendidas.

—Excelente presentación y capacitación, muy útil y práctica, se debería implementar para todas las áreas del banco.

—Excelente capacitación, aplicable desde todo punto de vista a la vida personal y laboral. La disposición es óptima para transmitir y comunicar el conocimiento.

—Excelente y ojalá se sigan dando estos espacios de retroalimentación y a su vez conocer más a fondo a otras personas con las que compartimos a diario. Excelente consultora.

—Este curso es muy aplicable a nivel laboral y para todos los ámbitos en los que nos desenvolvemos cada uno. La docente muestra total dominio de la temática y total interés porque los participantes se lleven el contenido del curso en sus vidas.

—Felicitaciones por todo lo grandioso que nos transmitiste en está capacitación, porque das todo y lo mejor, porque nos haces sentir muy especial, y tienes todo para seguir triunfando.

—Gracias a la empresa, gracias departamento de capacitación, pero sobre todo, gracias a Sonia por estos dos días de constante aprendizaje y enriquecimiento personal. Lograste quedarte en nuestro corazón. Gracias.

—Fue un taller que me gustó mucho, me hizo dar cuenta de mis errores, me hizo mejorar la calidad de mis exposiciones. La actitud de Sonia fue excelente, con muy buen dominio del tema y disposición total hacia el grupo. Es una persona muy hábil, logró muchos cambios en todo el grupo.

Agradecimientos

A las empresas, entidades y universidades por confiar en mí el entrenamiento de sus mejores líderes:

Bancolombia, Davivienda, Grupo Bolívar, Helm Bank (Banco de Crédito), Liberty Seguros, BBVA, Baker & McKenzie, Quala, Codensa, Coca-Cola, Avianca, ABN AMRO Bank, Uniandinos, Universidad de La Sabana, Universidad de Los Andes, Kuehne + Nagel, Legis, Dirección Nacional de Planeación, Secretaría Distrital de Planeación, Auditoría General de La República, Movistar, Club Ecopetrol, Ejército de Colombia, Titularizadora Colombiana SA., Microsoft, Fedex, Audilimited, Grupo Corona, World Vision International.

A todo el equipo del Grupo Nelson, por escogerme desde Nashville entre autores de *best seller* mundiales.

A Larry A. Downs, vicepresidente y publicador, por su magnífico apoyo y liderazgo efectivo para avanzar en esta obra. Hombre de altura. A Graciela Lelli, por la excelente labor como editora. A Gretchen Abernathy, por su amable ayuda en la revisión de pruebas. A Claudia Duncan, por su valioso acompañamiento desde la gerencia de marketing y a Roberto Rivas, por su impulso como gerente de ventas desde México.

Al equipo de trabajo de nuestra empresa, PRESS IN Comunicación Inteligente.

También a los colaboradores y amigos de nuestra Fundación Cielo Nuevo, por su aporte valioso. Son los mejores.

A Dios, por siempre.

Notas

Capítulo 1

1. John Maxwell, *Las 21 leyes irrefutables del liderazgo* (Nashville: Grupo Nelson, 2007), p. 13.
2. Daniel Goleman, *Inteligencia emocional* (Barcelona: Kairós, 2001).

Capítulo 4

1. Joel Barker, *The Star Thrower Story*, http://www.starthrowerstory.com/.

Capítulo 11

1. W. Chan Kim y Renée Mauborgne, *La estrategia del océano azul* (Cambridge: Harvard Business School Press, 2005).

Acerca de la autora

Sonia González A., fundadora y directora de PRESS IN Comunicación Inteligente, es reconocida conferencista, consultora y asesora de empresas internacionales en las áreas de la comunicación, el liderazgo y los valores. Es la autora de *El condor herido* y del capítulo colombiano de *Rostros de la violencia en América Latina y el Caribe* de World Vision International. Ha sido colaboradora de diarios y revistas en Colombia, como *El tiempo*, *El espectador*, *Diners* y *Credencial*. Desde su país Colombia viaja por todo Latinoamérica dando programas de entrenamiento empresarial. Es presidenta de la Fundación Cielo Nuevo y directora de la Revista *DAR!* que circula con *El tiempo* en Colombia y *El nuevo herald* en Miami y el sur de la Florida.